U0530613

己亥1839

龚自珍的一次远行

余世存 著

海南出版社
·海口·

果麦文化 出品

〔序〕

我的或我们的龚自珍

一

历史本身是一个时间淘洗的过程。司马相如和扬雄们的作品，一度是士子们的必读书，但后来逐渐被边缘化。陶渊明在当时人眼里，只是二三流的诗人，《诗品》的作者把他列为中品；六七百年后，到了宋代，陶才真正跻身一流诗人的序列。传统文化在发现自身的过程中，有删汰，有追认和激活，其所具有的文化品格和所能提供的思想资源都是动态的。直到今天，墨子这样的思想家、冯梦龙这样的作家仍是被大大低估的人物。历史的接受之路并不平直，而是曲成万物。但对历史有信念者应会怀抱信心，相信时间会给一切真正的精神个体加冕。

在我们的历史人物中，龚自珍既幸又不幸。说其幸，是因为当时人都感知到他的大才、高才。用现代的话说，贤良们欣赏他，政客们不敢直面他，流行歌手们传唱他，同事同学们喜欢他。龚自珍暴死的消息传开，不少人深感惋惜，甚至据说跟他不和的叔父龚守正也写下挽联："石破天惊，一代才名今已矣；河清人寿，百年士论竟何如？"说其不幸，是因为龚自珍的真面目在当时并没有多少人清楚，后来也一直被误解。人们以为龚自珍是狂生，是行事古怪者，是好色之徒，是赌徒，是好发议论的诗人。在不少今人的心中，龚自珍也是纳兰性德、黄景仁、苏曼殊一类的敏感才子。

正如龚自珍自己所说："从来才大人，面目不专一。"要全面认知他的精神思想，还需要时间。

二

我个人对龚自珍也有一个认识过程。年轻时喜欢他的诗词，"愿得黄金三百万，交尽美人名士""万人丛中一握手，使我衣袖三年香""可能十万珍珠字，买尽千秋儿女心"……他的名句太多了，故很早前就开始"集龚"，后来知道"集龚"是一百多年来读书人的游戏之一。所谓"集龚"，就是将龚自珍诗词打乱（主要是《己亥杂诗》315首），重新组合，搭配成为一首新诗。"集龚"可能是读书人不多得的"游于艺"或"寓教于乐"，既表达一种喜爱，也是一种训练。

比如有论者认为冰心"真正的少作"就是"集龚",因为冰心在中学时代就有几十首"集龚"诗作。严文井先生为此感慨龚自珍和少女冰心:"我这个穿凿成性的人有时又禁不住往龚自珍身上想。那个了不起的龚自珍,他反对'衰世',叹息'万马齐喑',想挽救被扭曲的'病梅',颂扬'山中人',喜欢王安石,支持林则徐,等等等等,是他的哪一种思想吸引了那个刚脱去男装不久的少女呢?"有意思的是,当代的年轻作家李让眉对龚自珍有过长篇深度介绍,她的文字或许可解严文井先生的疑惑。

我的"集龚"跟冰心等前辈的成绩是不能相比的。冰心等民国时代的人天然生活在龚自珍的语境里,当代的我们却有一种语言的隔膜。但也正因为如此,读龚自珍有一层语言归化的意义。印象中有一年跟当时还在做出版的杨葵先生聊天,问起读书,他说到最近在读龚自珍。还有一次遇到作家刘自立先生,他也说在读龚自珍。我自己拜读之下,真是大为叹服,相见恨晚。有一年正读龚集,一位前辈作家问起我最近读什么书,我以为她想知道流行的新书,不过还是老老实实地告诉她,我在读龚,并说了对龚的印象:哎,这些古典作家的才华学问,相比起来我给他们提鞋都不配。前辈作家接口说,是的,跟龚自珍相比,她想做他端茶递水的丫鬟都不够格。

我后来在不同场合谈论龚自珍,以至于朋友的一首"集龚"——"空山徙倚倦游身,亦狂亦侠亦温文。土厚水深词气重,歌泣无端字字真"——很多人误以为是我集的。当然,我对龚自珍的介绍不遗余力,在拙著历史人物笔记《中国男——百年转型中国人的命运与抗争》中,开篇人物就是龚自珍;最近几年,在公众号文章中也不时引用龚自珍。从我称引人物的频率看,龚自珍也许仅次于鲁迅、孔子、庄子。

三

从诗词进入龚自珍是一种方便,但龚自珍的面目之丰富远非诗词一项可以穷尽。在当时,龚自珍就得到了一流学者如阮元、段玉裁、刘逢禄、李兆洛等人的推重;他在算学、地理学、兵学、经学、方言、水利、农学等专业领域的研究,也得到了程同文、徐星伯等专业大家们的认可。实际上,龚自珍是对近现代有过深刻影响的思想家。

用现在的话说,龚自珍的思想影响了国家的大政方针。李鸿章承认,新疆建省的方案最早出于龚自珍:"古今雄伟非常之端,往往创于书生忧患之所得。龚氏自珍议西域置行省于道光朝,而卒大设施于今日。"

更重要的是,龚自珍弘扬的今文经学影响了康有为、梁启超、谭嗣同,使康梁们能够在老大的中国"托古改制",为"三千年未有之变局"主动破局,开启了近代中国大变的序幕。今文经学本来具有革命性,由此不难理解康梁革命何以发生。但龚自珍还说,"药方只贩古时丹",由此表明他又是一位文化保守主义者。当代人论证过的革命、自由与保守主义之间的契合一度难以被人理解,因为当代人看尽了极端、深刻的片面,但契合者、统一者仍代不乏人,龚自珍就是一个典型。因此,他的思想才有长久的魅力,并有现实性。

在对近现代知识界产生影响的中外人物中,"物竞天择"的赫胥黎、"哀希腊"的拜伦、"疑古"的崔述,以及李贽、戴震等人,只是影响了一时一地;龚自珍则是唯一影响几代人、给几代人提供思想和安慰的人物。龚自珍文集生前即有编辑,他去世后由其子和好友魏源编辑,经过一二十年的发酵,影响了同治、光绪年间的知识界。梁启超说:"晚清思想之解放,自珍确与有功焉。光绪间所谓新学家者,大率人人皆经过崇拜龚氏之一时期。"梁还说,他读龚的文字如受电击,"初读《定庵文集》,若受电然"。梁的老师康有为则认为龚的文字超越了唐宋八大家、诸子,进入经学的境界,为"国朝第一"。另一位大诗人、做过外交官的黄遵宪则模仿龚自珍的《己亥杂诗》,在另一个己亥年,写出了自己的《己亥杂诗》。

到了民国,龚的读者更多。其批评者如张之洞、章炳麟、王国维等人,仍承认他的才学,他的学术造诣使蔑视今文经学的章炳麟也不敢小视；至于喜好者、研读者如郁达夫、张荫麟、冰心、柳亚子、陈寅恪、毛泽东、钱锺书、费孝通等人，都曾经以其为言思的资源。钱锺书认为龚自珍的诗文在晚清被人们读烂了，毛泽东的称引则使龚自珍成为家喻户晓的人物，他的"九州生气"和"化作春泥"两首诗至今是中小学生须背诵的中国诗篇。鲁迅的朋友回忆说，鲁迅熟读龚，他的诗也化用了龚诗；鲁迅对陶渊明的评价向来为人称道，他说，"陶潜正因为并非'浑身是"静穆"，所以他伟大'"，"还有'精卫衔微木，将以填沧海，刑天舞干戚，猛志固常在'之类的'金刚怒目'式，在证明着他并非整天整夜的飘飘然"。这一评价其实源于龚自珍的《己亥杂诗》，"莫信诗人竟平淡，二分梁甫一分骚"。至于胡适，胡适有名的主张"但开风气不为师"即出于《己亥杂诗》；胡在最低限度的国学书目中更是列入了《龚定盦全集》。

因此可以说，龚自珍是康梁革命和"五四"新文化运动的先声，他是"五四"启蒙思想家们的启蒙思想家。人们把龚自珍比作中国的"但丁"，恩格斯对但丁的评价确实可移用于龚自珍，他是"中世纪最后一位诗人，又是新时代最初一位诗人"。民国学人朱杰勤在《龚定盦研究》一书中的论断更是石破天惊："中华民国革命之告成，龚氏亦颇具一臂之力。"

四

但龚自珍的人生是坎坷的、跌跌撞撞的。

在科考做官的道路上,龚自珍极不顺利。就缺少考试运来说,龚自珍在科举历史上都可以名列前茅。父母、妻子、前辈、朋友们的期望,一次次地落空,但龚自珍还是锲而不舍地考了半辈子,可想而知他内心的压力之大。人们期望他不要做才子、做名士,而要做名臣、做学者,他也期许自己是能为中国变法的王安石,但他一辈子只能窝在"部委"里做一个公务员。虽然有贤良大臣们征询他关于改革的意见,但他在官场上一直是受排挤、受打压的。

了解龚自珍的人会承认他的才学和思想,会感叹他的怀才不遇;但在官场人眼里,龚自珍只是一个不切实际的书生,是一个刺儿头,是一个为性格(或失意命运)所左右的怪人。他在官场熬了半辈子,也学会了一些应酬,学会了一些无聊,在玩物中丧志,消磨时光和精神。用现在的话说,他也一度变成了"油腻的中年男"。但快到五十知命之年的时候,他的职场生涯遭遇到危机:因为官场潜规则,他居然被罚俸一年;而因为官场回避规则的关系,叔父做了他的上司后,他必须自动引退。没有了薪水,工作单位没有着落,生计紧张,再加上流言蜚语,让他左右为难、心力交瘁。可以说,己亥年之前的一年,是龚自珍极为狼狈、沮丧和内心绝望的一年。龚自珍诉说过自己欲哭无泪的至暗时刻，"进退雍容史上难，忽收古泪出长安"。在官场潜、明规则里，他付出的大半生是无足论的、可以忽略不计的，用现在的话说，他大半生既没混到社会地位，也没获得财务自由，他是一个失败者和无名小卒，他是一个无关紧要的人；他奋斗了二三十年，回到了当初几乎一无所有的原点。

三十六计，走为上计。一旦想通了，离开京城，龚自珍的心态便发生了变化。他释放大半生的压抑，至此毕其功于一役，"几人怒马出长安"。怒者，奴心也。只有怒，才能从"奴"的状态里解脱出来，从北到南作逍遥游。

英国诗人奥登介绍奥地利诗人里尔克类似的行为时说："他经过十年的沉默、工作而等待，直到在穆佐他显了全部的魄力，一举而叫什么都有了个交代。"龚自珍的出走和南游南归就是对自己的交代，他的成果中就有《己亥杂诗》，"一个庞然的大物"。

五

己亥年的四月二十三日，以阳历算是6月4日。从1839年的这一天开始，龚自珍离开京城，回到昆山、杭州，再北上，再回昆山。他走走停停，一路上饭局、艳遇不断，一路上话题、诗词、文字不断，灵感喷发。直到今天的流言蜚语仍以为龚自珍的出走是狼狈的、逃难式的;这些流言蜚语并不知道,一个人一旦决绝地跟自己前半生因循的生活撕裂,虽然有脱胎换骨的阵痛和难堪,但更多的是海阔天空的"作新斯人"。

十年前我从大理回到北京的时候,不止一个年轻朋友问我,怎么能从单位、家庭生活中拔出来呢?一个朋友停薪一年到武当山生活,一个年轻人辞职到西南地区旅游半年,他们回到京城的时候,都由衷地感慨,自由跟财务多少、功名大小无关。龚自珍在他的时代已经为我们示范过了。很多人读过他的《己亥杂诗》,但很少有人理解龚自珍这一年的内心自由。一百多年来的读书人愿意以《己亥杂诗》为基础"集龚",因为《己亥杂诗》里有最为自由酣畅的精神。当代流行语"再不任性,就变老了"只是一种戏说,但冲破罗网、求得自由是人同此心的追求。

里尔克、龚自珍们示范的方法就在于回到自己,表达自己。是的,如果生活有苦,如果生活无望,如果你怀才不遇,你把它们写下来,这就够了。尽管我们为活着所苦,我们易受诱惑,我们犯下罪错,但无论如何,这世上还有"我的朋友",他是世上某处总还存在的一位高人和圣者,他是全知的心灵和悲悯的眼睛,他有真理,他知道真理;那么真理在地上就还没有灭绝,将来迟早会传到我们这里来,像预期的那样在整个大地上获胜。这个"我的朋友",这个高人和圣者，其实是我们自己。

是的，龚自珍等来了"我的朋友"，就是己亥年的自己。他在己亥年的心思诗语不仅是自由的表达，是性情的写作，也是他的"天鹅之歌"，是临终的眼和全知的心灵。《己亥杂诗》是一部在省思时仍在犯业、犯业后及时忏过的自白书或忏悔录，是一部积郁于胸、呼唤"九州生气"的宣言书，又是一种充分实现自我的方便法门，较之同时代的雪莱，它更贴近我们中国人。他以此作品化作了春泥，给一切有缘的花之读者以最具性情的营养和呵护。

每个人都有自己人生的至暗时刻，龚自珍在己亥年的行旅，一举实现了人生的逆袭。一生的怀才不遇、挫折，中老年生活的崩溃、绝望，突然因为回首往事和立此存照而得到了安顿和至高的意义。有人认为，在中国干支纪年的六十个年份里，甲子年、甲申年、戊戌年、辛亥年、辛丑年等都有了特定的历史文化含义，但龚自珍是唯一把己亥年变成自己专属年份的历史文化人物。

《己亥杂诗》在文学史和文化史上的成就不是我们普通人需要了解的，我们只需知道，有此己亥经历的龚自珍不再是一个梦想幻灭、有待社会救济的个体，而是功行圆满的人。龚自珍自己也清楚这一点，两年后的暴死，对他个人、对社会来说虽是一个悲剧，但并非空前绝后的大悲剧、大遗憾，因为他的工作已经完成，他已经闻道、布道，"朝闻道,夕死可矣"。

六

我个人正式写作龚自珍是丁酉年(2017)的事,那时的我似乎本能地觉得网络、自媒体给予国民个性发扬的时代结束了,我看见"这一代最杰出的头脑"毁于各类市场,各类意见领袖从言说转向卖酒卖茶、卖字卖画、卖化妆品,几代人的人生起步于理想,却几乎都认同了时代的中国生活。这是我不能同意的。我希望当代的读者注意到,一个人,无论他是文明世界的国民还是古典世界的先知、圣贤、才子,其可能抵达的人生广度、密度、高度是什么样子;对比起来,我们的人生过于短浅,过于浪费。

因此,龚自珍于我、于今人是一个恰逢其时的桥梁,借助于他,我们能够抵达自己人生中曾经求而不得的境界,我们借以跟古人和世界对话。为什么要读龚自珍?为什么必须是龚自珍?答案当然不一而足,但龚自珍是众多必读的入门之一。我们借助于龚自珍以及其他古典作家,还能够回答自己跟古典和人类文明传统之间的关系。

是的,每一个人、每一个时代不仅要勇敢地表现自己的个性,也要回答自己跟古典之间的关系,只有如此,他或它才可能摆脱投机者、无根者、暴发户者的嫌疑,他或它也才能真正地有所创造、有所认同。多年前，我如此说过："在我们当下社会，标榜个性已经不是什么功德，请每个人明白他跟各种文明的伟大传统之间的关系才是功德，明白我们跟传统比如爱情、家庭、儒释道耶回等之间的联系才是功德……让现代转型之冬的生灵们获得温暖和归宿，这才是明心见性。"今天的我们越来越明白，现代国民背后的传统不是一家一姓或一时一地的，每个国民手中的移动互联网上都链接着人类文明已有的知识总量和正在生成的知识。现代国民的"刷屏"不仅在"刷"正在生成的信息、知识，也必须"刷"已有的各大传统及其人物。

年轻一代在近年来自发形成了传统文化热和传统生活美学热，其中就有寻根、回答自己跟古典之间关系的意义。我曾经跟朋友聊起龚自珍："国人离家出走百年，最近又回家翻东西，一是以《浮生六记》为代表的生活美学，属于岁月静好系列；一是以曾国藩、王阳明为代表的严肃而宏大的叙事系列。龚自珍及其《己亥杂诗》之所以受大家欢迎，因为他是传统文化最后一个集大成者，他有趣、好玩、率性，他实证了传统文化中有颜如玉、有黄金屋、有车马簇。他到哪里，都能攒出很多饭局，成为群主，召集出一个或众多的群来。"在某种意义上说，龚自珍是人们理解传统和现代不可绕过的一座桥梁。

我在写作这部小册子的时候受益良多。历史曲成万物的过程之一，在于把一切个体精神性的收获演变成大众的财富，后人在享用这笔财富时再转化成他个人精神性的收获。我深信，"我的龚自珍"会成为"我们的龚自珍"，为现代人提供活的思想资源，从而使众多的现代人自他那里明心见性，生成新的千姿百态的"我的龚自珍"。

七

龚自珍信奉的世尊说过："我念过去无量阿僧祇劫，于然灯佛前，得值八百四千万亿那由他诸佛，悉皆供养承事，无空过者。"龚自珍自己基本上做到了，他"得值"的时候都"供养承事"，因此他那个时代视野所及的文明传统都化为他人生的资粮，并随时化作他笔下的诗文意象。有论者以为《红楼梦》是以小说形式呈现的传统文化的集大成之作，那么龚自珍可能是以人格形式呈现的传统文化最后的里程碑，他实证了传统文化并非封闭，而是向未来和我们普通人敞开。

我个人也"得值"了龚自珍，因为他，我在中年世故的时候能够深入他的生活、深入自己的生活，也为读者们深入自己的生活提供了方便。龚自珍也有过世故、迷失，"既壮周旋杂痴黠"，但终究能够寻回自己，"童心来复梦中身"，己亥年的9000里长路和315首诗即是明证。我们也是一样。

  那些在己亥年不读他的人可能是真的错过了。你们是否清楚，有些年份已经在历史和现实的暗夜里脱颖而出，值得我们流连往复？

余世存

2019 年 5 月 27 日于北京

目录

〔传记〕

卷一　缘起泉涌　001

卷二　辞官出京　007

卷三　青春壮盛　043

卷四　猖狂江淮　079

卷五　浮生家园　123

卷六　东山苍生　159

卷七　再度北上　187

卷八　吟罢归乡　205

〔原诗〕 217

己亥杂诗

〔后记〕 299

〔附录〕

《己亥杂诗》提及的亲友 303

《己亥杂诗》提及的花木 309

《己亥杂诗》涉及的著作 311

〔传记〕

卷一　缘起泉涌

己亥年（1839）四月，我，龚自珍，奔波在路上。忽忽已近四十九岁矣，早过不惑，将临天命。先哲以为，大衍之数五十，其用四十有九。这确实是一个特殊的年份，是一个特殊的年龄。己者，自己也；亥者，地支之终也。我的思绪涌动，不可抑止。

我戒诗多年，沉默得太久。人也许必须经过长时间的沉默，才能开口说话。近五十之年，我已经是少年眼中可憎的中老年了。是啊，我不能免俗，在朝中多年，依然不得上司喜欢，不得时人认可，更为爱者、期待者叹息。去年，我的薪俸居然被停发，这个官场于我实在是再乏可恋的了。家父在杭州家乡，日渐老迈，需要我的侍奉陪伴。巧的是，叔父成了我的部级领导，我正好依官场惯例避嫌辞官回乡。

我的辞官返乡是一件大事，京城的朋友为我饯行了一次又一次，同年、同僚、同乡，各种名义的宴请让人应接不暇。唉，也许我沉默得太久，在朋友们的热情面前，我感动得说不出话来。从去年年底到现在，我在京城客居了半年的时间,如今我从容地离开,正如瓜熟蒂落,适得其所。

我一生著书有百卷之多,但为文字所苦者又何尝不知,写书不如回到内心更真实、诚正。只是心中琐碎之言思在如夜的幽冥之地像泉水涌动,它们不断地鼓动着我,以让它们现身。就像现在,我雇了两辆车,自己乘坐一辆,另一辆装着我的著作文稿,看着它们,我的人生似乎没有白白地来过,没有白白地流失。这一次,在我南渡回家的岁月,可能是写出我作品续篇并编年的时候了。(其一)1

临近黄昏,马已经疲劳不堪。《诗经》有言:"陟彼高冈,我马玄黄。"据说马的毛色一旦玄黄就意味着其劳累了,想必它也盼望着夜色降临能够安歇。但我们还得赶路,我们每个人都不得不走着自己的路。

一路畅通无阻,我形单影只,居然无人阻拦留客。当年汉代的名将李广罢职闲居,曾有一次夜出,回经霸陵亭,守亭的亭尉喝令他止步。李广的从人说:"这是故李将军。"亭尉说:"今将军尚不得夜行,何乃故也!"这样的历史画面涌上心头,让我想象古今不同的意味。我像无人羁縻的过客,不能在亭边留宿一夜,那么我就继续前行吧。

我生平激昂的心思如今趋于平淡,即使像屈原、贾谊那

---

1. 每篇传记后数字为对应的《己亥杂诗》序号。

样被迫离开国门,我也不写像《惜誓》一类的文章了。屈、贾都曾经为人嫉恨,过人的才华和高尚的品格都让小人们不舒服。《惜誓》中说,仙人乘坐的黄鹄一旦落到地面上,连猫头鹰那种凡鸟都会群起而攻之;神龙失水而到了泥土里,那些蚂蚁也会欺负它;黄鹄、神龙都有如此境遇,贤者遇到乱世的命运又会好到哪里去呢?……这些想法,我也曾经热烈地拥有过,但现在的心情多少已经淡然了。(其二)

我看着天空。

古人说,四十里高的高空,名叫太清,太清之中的气息非常刚烈,能胜人。范成大就写诗说:"身轻亦仙去,罡风与之俱。"是的,越高的地方,风力越强,如春魂一样让人魂牵梦萦的花朵是多么娇嫩啊,却要受到高天的风波摇荡。官场的中心地带何尝不是霸道的罡风,我也因此不得不离开。

《楚辞·招魂》说得对:"魂兮归来,君无上天些!虎豹九关,啄害下人些!"有些如虎豹一样的大臣,盘踞要津,把持朝廷要路,使人难以安其位尽其职。那么,像我这样的失意者便如落花一样,但即使是落花身份,我还是怀抱着好的心情,人身难得,人生难得,我平生是默默地感念着造化的恩惠的。(其三)

先哲说，君子之道，或出或处。我们有谁能够例外呢？

这次出京，我没有携带眷属仆从，只雇两车，以一车自载，一车载文集百卷出都。我是要归隐吗？前面的路既有谢安曾隐居的东山，又有周颙隐而后出的北山。我呢？我是什么样的人呢？照照镜子吧。镜中的人半枯半荣，似乎还有不少青春的气息。田园将芜胡不归？正因为荒废多时，需要我先行一步，回家料理得像个样子了再接家眷，让他们回的是家而不是废园。陶渊明在《归去来兮辞》中说："云无心以出岫，鸟倦飞而知还。"我也应该就是无心出岫、独往独来的白云吧。（其四）

夕阳西下，一阵微风吹动了我的情丝，望着辽远的原野，大好河山，一如我广阔无边的离愁别恨。离开京城，是离开人鬼聚集的兽都，离开我自小就投奔来读书、稍长就科考入仕的地方，离开我几十年来欲实现理想的地方。

唉，回过神来，我的离京意象怎么是下午的时光，而非意气风发、阳光明媚的早晨？"夕阳西下，断肠人在天涯。""问君能有几多愁，恰似一江春水向东流。"我的愁绪是矫情的吗？马鞭东挥，那是远在天涯的家乡杭州。从此以后，我大概很难再回京城了啊。

落花的命运会是怎样的呢？韩翃的诗说："春城无处不飞花。"孟浩然的诗说："夜来风雨声，花落知多少？"古往今来,写落花的诗篇无数,多是惆怅。凋谢飘零的落红,似乎只是引起叹息和伤感的死物。陆游倒是说出了新奇:"零落成泥碾作尘,只有香如故。"在我看来,花心在枝离枝都非无情,即使化作春泥,也能呵护、加持将来的花朵。我相信,未来的人们看到花开花谢,一定能看到其中的泪水、悲意,也一定能够看到其中的从容和梦想。落花如泪盘旋在风中,那么晶莹剔透,她的心中一定还有梦。(其五)

〔传记〕

卷二 辞官出京

官场的秘书小吏，经常拿着书袋纸笔，侍立于帝王大臣左右，以便随时记事。我也曾做过持笔伴人的辛苦小吏，曾经在半夜的宫门中加班工作。在门外等候多时的马虽然沉默，它络头上的玉珂铃铛却常常因风而响起清脆的声音。在做书记官（内阁中书）时，我这样的书记常到乾清门外的军机处领受机宜，早晨入朝，衣上往往会沾染露水。现在弃官归去，要把衣服洗干净，还是有些可惜。

"宫娥白首出宫门，却入闲房亦是恩。欲浣故衣还袖手，为中怜有御香存。"李荫《浆洗房》里所写的这位宫女不洗衣服，那是因为衣服上留有"御香"。"流苏空系合欢床，夫婿长征妾断肠。留得当时离别泪，经年不忍浣衣裳。"董以宁《闺怨》中所写的妻子不洗衣裳，是因为衣服上还留有当年的"离别泪"。我不舍得浣洗春衣，是因为衣服上有曾经的岁月啊。外人会不会猜测我感念皇恩雨露呢？（其六）

真的有人以为我感念皇恩浩荡吗？以为我是没有棱角的

只会说空话、套话、官话的人吗?

前人感叹过"无复廉锷"的状态,刘勰在《文心雕龙》中说,义吐光芒,辞成廉锷,才是伟大的状态。我的文字之所以词锋凌厉,不同寻常,并不是上帝给予的才华。其中有我家族百年来的家学,经几代人的沉潜打磨才显耀光芒。

是的,宝剑需要经受无数次的淬炼。没有千锤百炼,我们怎么能穿越岁月的风霜?没有世代的风尘,我们怎么能够真正做到世载其美?据说曹丕做世子时曾造百辟宝剑,长四尺二寸,淬以清漳,厉以礛诸。晋代的张协说历史上有名的太阿剑"淬以清波,砺以越砥","光如散电,质如耀雪"。

《晋书·张华传》记载说,吴国尚存时,它对应的天上斗宿、牛宿之间经常有紫气出现。天下统一后,斗牛之间的紫气更加明显。张华听说豫章人雷焕上识天文下懂地理,要雷焕跟自己一起登楼夜观天象。看到斗牛之间的紫气,张华问雷焕这是什么现象。雷焕说,这是宝剑的精气,上达于天,其地在豫章丰城。张华就让雷焕做了豫章丰城的县令。雷焕到丰城挖掘一所房子的地基,发现了一个石头盒子,里面有两把剑,还有题名,一把叫龙泉,一把叫太阿。

我曾经到过京西翠微山。在那里,松之下,泉之上,有僧人建造房子,取名为龙泉寺。有人说我做官后变得谨小慎微了,在龙泉寺的时候,想到龙泉的"光曜炜晔,焕若电发",我不禁私下祝祷自己和岁月相成不厌。是的,我的梦

从没幻灭,如今的我,庶几是重剑无锋,大巧不工。(其七)

我还曾多次到西山去,这一次南下也经过西山。太行山脉走到这里,由西北向东南逐级下降,形成了东灵山、笔架山、百花山、妙峰山、九龙山、猫耳山等西山大大小小的山地。上方山、香山、八大处、潭柘寺、戒台寺等,一时浮现在我心头,让我感觉山势龙脉曲折起伏起来。西山又像是精气逼人的猛虎,蹲守在莽莽苍苍的京西要地。我曾经多次在其间流连、独白、对话,但这次西山送我东行,看我的马鞭扬起,居然一语不发,它给予我的只是沉默,沉默地望着中原大地。(其八)

老北京们常说,先有潭柘寺,后有北京城。在潭柘寺侧边有翠微山,又称平坡山,登临可极目远望。我对此山有感情,曾为它写过专文《说京师翠微山》:"翠微山,在官方有记载,在上层有声誉,人们很容易发现其山势规模不大而喜欢亲近它,也往往感慨其高峻而仰慕它,它是隐士宜居之地。"我评价说,翠微山像是京城的一把伞、一顶车盖,不像枕头和屏障那么重要。距离阜成门三十五里,如此可有遮盖作用,故不敢离京师过远。

我的文章还说过,翠微山上草木葳郁,有长江以东的玉兰,有苹婆,有高大的松柏,各种鲜花随风摇曳,芳香四溢。山上的石头黝黑光润,遍布花纹。山名唤作翠微,既典雅又合乎世俗口味,不以偏僻俭朴而名一生志向。

我现在要跟翠微山告别,真有些情惨难舍。在那附近还有义士的忠魂啊,当年北方的瓦剌部进犯北京,朝廷惊慌失措,是民众们自发起来抗敌,数千人战死在阜成门外,他们的尸骨都埋在翠微山附近。现在我耳朵里就有风吹过薜荔的声音,如同忠义之士的号叫。当然,在翠微山附近,还有前朝后妃、公主的葬地,那些红如胭脂的泥土早已经把美人的尸骨侵蚀完了吧。(其九)

我的祖父在京城做官,父亲在京城做官,到我这里,三代为官有百年左右了。但我命运蹉跎,我这样出生于官宦人家的人,即使是官三代,在京城也已经无存身之所了。故以己亥岁四月二十三日出都。

能够雍容有余地进退官场,恐怕在历史上都是不多见的事,这样的人太难得了。我也想到古人向往的从容不迫,《汉书》里说大才子司马相如,跟着官员的车骑,他都雍容文雅得很。另一位大才子曹植也说过:"雍容暇豫,娱志方外。"

想想古人,我的眼泪都流下来了。现在的我也只能挥手擦干怀旧的眼泪,我得离开京城了。

祖父和父亲在京城的百年遗泽,像脚印,像车轮痕迹一样，让人低回不忍离去。古人还说，修道的人不肯在一棵桑树下住上三天，以免产生感情。"浮屠不三宿桑下，不欲久生恩爱，精之至也。"我留恋先人的流风余韵，怎么能跟"三宿空桑"相比呢？人们又怎么能用"三宿空桑"的事批评我恋栈京城呢？

我的一生仕途非常不顺，考了六次会试才考中进士。道光九年（1829）己丑殿试那一次，我在殿试中仿效王安石《上仁宗皇帝言事书》，撰写了《对策》，从施政、用人、治水、治边等方面提出改革主张。据人们说，当时的我列举时事，写下洋洋洒洒千余言，直陈无隐，使得看到我试卷的诸位考官都大惊失色。有人说，此人来者不善，踢馆来了。主持殿试的大学士曹振镛以"楷法不中程"为理由，说我的字写得不合规矩，将我定为三甲第十九名，不得入翰林，仍为内阁中书。

三代人在北京当官，世代荣耀百年，己亥岁四月二十三日这一天，我辞官出京，结束了一段学而优则仕的家族历史。我没有带家属，只雇了两部车，自己坐一车，另一车装上我的文集。"不携眷属"，独雇两车，"以一车自载，一车载文集百卷"，夷然离京。（其一〇）

我的祖父敬身大人，曾官至礼部精膳司郎中兼祠祭司事；父亲丽正大人，曾官至礼部主事。他们的姓名、职务都记录在礼部的档案里。

我自己也曾在礼部祠祭司做一员郎官。我是道光十七年（1837）做礼部主事的。

从汉代以来，这些官职头衔都被当作个人和家族的荣耀，在人死后的墓碑上不仅要刻写上，还要雕出花来。像唐代人更是动不动把奖励、荣耀当作人生行状刻在墓碑上，有的长近百字。韩愈生前就善于写这类文体，如："故金紫光禄大夫检校尚书左仆射同中书门下平章事兼汴州刺史充宣武军节度副大使知节度事管内支度营田汴宋亳颍等州观察处置等使上柱国陇西郡开国公赠太傅董公行状……"

我们家三代受君王的恩惠，有做官为民为国的福分，这份恩惠足够向渔樵江湖人讲述了，不必在墓碑上篆刻上百字左右的头衔。

祖父敬身大人后来任云南楚雄知府，又升迤南兵备道，故程同文为祖父写的传记称为"云南迤南兵备道龚公行状"，纪晓岚为祖父写的墓志铭称为"云南迤南兵备道匏伯龚公墓志铭"，外祖父段玉裁大人写的碑铭称为"中宪大夫云南分巡迤南兵备道龚公神道碑铭"。这些头衔都简单，重要的是其中对祖父大人品德的记录，我还记得其中有这样的话，"自奉俭约如老书生""居恒诫子侄以俭""临事毅然持可否"，等等。（其一一）

有关朝廷礼法方面的掌故,我自己平时搜罗得很多,这是做官获得的机会。加上祖父、父亲也曾经谈论过一些,"若风气,若律令,若言若行",可以说没有比我知道得更多的人了。部委机关的长辈们,往往也会遇事来问我,大家都把我当作活字典了。

说实话,在当代制度史、人物史、掌故等方面,我当仁不让。这也算我发展出了一种学问吧。有人就说过:"近数十年来,士大夫诵史鉴,考掌故,慷慨论天下事,其风气实定公开之。"这些历史,如果让那些专业的抄写人员抄起来,转眼之间,写上洋洋万言都没有问题。

朝廷搜集史料的柜子叫作金匮。我归隐山林,将与空山夜雨相伴。古人说:"空山寂历道心生。"今后朝廷的金匮想要搜集当代史的材料,那就来找我这个隐居山中的人吧。(其一二)

孔子说过,君子出来做事就要做公卿之事。在我们这样的天下国家,做官是报效国家社会的捷径之一。我于嘉庆二十三年即戊寅年(1818)中举开始,就踏入了做官的道路。到现在过了二十余年,蓦然回首,过去的万态云烟,就像马蹄的痕迹都消失掉了。

一般人做官前都会给自己占一卦,以卜算前程。我在中举后连续两年考试失败,决定先入仕做官,出任内阁中书,那时已经二十九岁，在同龄人中算相当晚的了。但我仍经历了官场的沉浮，五年、十年的变化过于剧烈，甚至新来者和丧亡者多得都让人来不及熟悉。从我踏入官场到现在的二十年来，我吊唁去世的同朝官员已经有三百人了。（其一三）

古人说："三代之后，谁为圣贤，政如颓波，俗若坏山，《韶》乐犹在，薰风不还。"古人还说："世道剧颓波，我心如砥柱。"我曾经想过，这种世道风气败坏一时难以挽回，但我们仍可挽回败坏的人心。我当年说，世道对人，就是要"戮其能忧心、能愤心、能思虑心、能作为心、能有廉耻心、能无渣滓心"。

西汉的扬雄曾写过《冀州牧箴》等十二箴，劝那些地方大员"治不忘乱，安不遗危"。我也写过《壬癸之际胎观》九篇文章，算是我壮盛岁月时写下的九篇箴言。

国之重器如钟虡已经日显苍凉。世道人心如旅客行色，风尘满面。我曾经说过："日之将夕，悲风骤至，人思灯烛，惨惨目光，吸饮暮气，与梦为邻。"

二十年前，我曾被人目为"狂生"，一度喑哑了多年；现在我重新发出"狂言"，算是打破二十年来的沉寂吧。（其一四）

杜甫曾说他的自我期许是要做虞舜时代稷和契那样的贤良大臣，他后来感慨说："许身一何愚，窃比稷与契。"在我看来，如果立志投身于经国安邦的事业，何必一定要做虞舜时代的夔和皋陶那样的名臣。办事敬业尽职、简要通达就足够了。奇怪的是，官吏们做事，越来越倾向于官僚化，就是烦琐、拖拉、不作为。《世说新语》称赞人物，"裴楷清通，王戎简要"，应该是做人的典范啊。

我读历史，看到秦朝和汉朝的治理方式，跟夏商周三代相比完全变了样子。他们其兴也勃，其亡也忽，兴亡百姓皆苦，真是让人伤心啊。在我看来，他们跟三代的治理最大的不同，就是把如锥刀一样的严刑峻法当作管理民众的常态办法，这是他们起家的手段，也是让他们灭亡的原因。〔其一五〕

在路上走马观花，难如平时那样饱看山川、风景，倒是路上的人情世故提醒我世态的冷暖、人心的明暗。就像刚才，我看到一个被婆家休掉的女人。小姑跟她似乎恋恋不舍，看来她在婆家唯一的知己就是小姑啊。那个不幸的女人哭着再三跟小姑说，有小姑了解、理解她，她再辛苦也没什么，她走了，家里的柴米油盐事务落到小姑头上，要记住这样那样。她的泪水打湿了红裙，仍未扯断衣服决然离去。

唉，我的命运不也如同这个弃妇？我为命运和人世所弃，但我仍不断地言说着，我仍对世界怀抱着爱和善意。〔其一六〕

在雄主、自以为雄主的庸主当国的时候，一个有人格操守和识见尊严的人该如何应世呢？东方朔上书自荐，诏拜为郎。他性格诙谐，言辞敏捷，滑稽多智，常在武帝前谈笑取乐。他也曾言政治得失，陈农战强国之计，但武帝自以为一代雄主，一个人就可以治理天下，东方朔在他眼里不过是俳优一类有解闷逗乐作用的人罢了。

在这样的格局里，人的最高成就无非是狂与狷。即使东方朔那样的人，不也在狷狂里经受侮辱，如戏子小丑一样吗？这也许是人的必然命运。正如东方朔所为，他只是希望在世道人心不古的时候能够隐身、藏身，跟许由、楚狂们的隐身相比，东方朔是帝制时代的大隐者啊。就像他酒喝多了唱的，"陆沉于俗，避世金马门。宫殿中可以避世全身，何必深山之中、蒿庐之下"。

但对有自尊的人来说，他不可能永远含污忍垢。屈原诗说："余焉能忍而与此终古？"东方朔做执戟郎的时候，有人告诉他说大家都以为他是个狂人，他郑重地说："像我这样的人，就是所谓在朝廷里避世的一类人啊。"直到他死前，武帝才开始察觉他的言论不同寻常。他死后，武帝更发现了他原来是天上的星辰。东方朔去世后，汉武帝问占星家大王公："天上的星宿都在吗？"大王公说："星宿都在，只是有十八年的时间不见岁星了，这几天突然又看见岁星了。"武帝仰天长叹说："东方朔在朕身边十八年，朕居然不知道他是天上的星宿下凡。"武帝为此惨然不快。

我少时读《东方朔传》，恍惚间有似曾相识之感。对这位叫曼倩的先哲，我一直羡慕他的智慧和风流，我一度以为自己就是曼倩的后身。我还请人刻过一方"曼倩后身"印。当年有名的书法家朱野云到京城来，赠给我一副对联："灌夫骂坐非关酒，江敩移床那算狂。"我非常喜欢，马上挂在起居室里。是啊，人人知道我是天上的文曲星或什么星，但没有人想到如何让人真正地尽其才。

我在京城做了二十年的官员，如今后悔像张牙舞爪的龙一样从云中显露了一鳞半爪。如果我一直像东方朔那样做一员执戟郎，谁会怀疑我是天上的星辰下凡呢？^(其一七)

知音难寻，就像东方朔在世时找不到知音一样，那些有才识的人也许只能等待千百年后的知己。那么我呢，我是否也只能等待后世的知己？

想到知己，不免想到我的大女儿阿辛，她曾经千百次地含泪吟诵南唐冯延巳的词句。据说写词的人从来不希望找到知音，词曲一向被视为文章余事，那些有大抱负的人，也会偶尔在其中吐露真心，但仍只是把词曲当作游戏。人们写过也就写过了，如果有人把词曲当真，那会让词作者以为有人谬托知己了。没想到阿辛受到词曲的感动，这痴情的孩子居然把三首冯词抄下来，天天吟诵，还说什么能理解词中的真义。

冯词有言："谁道闲情抛掷久？每到春来，惆怅还依旧。日日花前常病酒，不辞镜里朱颜瘦。河畔青芜堤上柳，为问新愁，何事年年有？独立小桥风满袖，平林新月人归后。"

孩子啊，想到你也是前人的读者，这感觉让你父亲不免难过。你此时可曾想到，你父亲一个人站在小桥上，百感交集，归心凄惨。（其一八）

在路边看到耍杂技者，能把十几枚弹丸垒起来吸人眼球，就像玩魔术有魔法一样。佛经中说："如彼幻师，得化美团，虽似有益，而实无益。"这是见色知空了。

那么，我跟幻师聊聊天吧。朋友，你已经对耍弄弹丸烂熟于心，你可以把弹丸耍得团团转，也可以把它们垒起来看着危险而让人捏一把汗。我有真心话想跟你求证：世间的事情为什么论道理很难，就像世道，我们看不清它的下场或未来的样子；但如单单取势，我们就能理解它的将来。就像你现在把弹丸垒到十枚，正是一句成语，危如累卵。

唉，我把这意思写成诗送给幻师。他能从弹丸之地想到人间百年千年的大格局吗？《商君书》里说过，飞蓬能飘荡千里之远，那是因为它能乘风而行；潜水者能知道深渊的深度，那是因为他有绳子可以计量。"故托其势者，虽远必至；守其数者，虽深必得。"对治理者来说，依形势治理，不能乱了秩序；如果形势都乱了，那就没法子治理了，强行治理，反而加速乱局。所以从形势上看治乱才能做有用功，势乱了还想治好，不过是添乱而已；势治而想治好，是可以治理好的。（其一九）

天地盈虚，与时消息。

江山社稷发展的形势是消是长，从一些小事情上也看得出来。经过肆市的时候，我看到市场上的升斗尺秤长短大小不一，官府又不加以校正，导致市场混乱，百姓的生活受到很大影响。

先秦时代专谈百工技艺的《考工记》文字古旧，也残缺不全，难以作为今天匠人们的标准。古人曾经用一百粒黍米纵排起来当作一尺，但这黍尺需要官府专人校正才好。都市是社会发展的中心地带，洛阳、邯郸、临淄、宛、成都是汉时人称道的五都。听说那些都市里的黍尺无人管理，市场上都乱哄哄的，人们为短斤缺两、短尺少寸的蝇头利益耗尽心力，生活如此艰难。（其二〇）

近年来，在国际贸易中，毛呢、绸缎等洋货输入，使得我朝的白银外流。在蚕桑的发源地，我们的丝绸产出居然不敷民生日用，还要从外面引进，这不是咄咄怪事吗？有朝一日，我们是不是还要进口大米、大豆、茶叶呢？

就在去年冬天，我生活困窘，妻子出主意要我向朋友求援,我就到保定向老朋友、直隶布政使托浑布借贷。在保定受到托兄的热情款待,我又吃又拿,不好意思,就向托兄建言,在河北遍种桑树。河北的蚕桑事业有悠久的历史,汉代的张堪做渔阳太守时就曾劝百姓种麦植桑,民间歌颂他说:"桑无附枝,麦秀两岐。张君为政,乐不可支。"北齐的颜之推也说过:"河北妇人,织纴组紃之事,黼黻锦绣罗绮之工,大优于江东也。"

这一次南行,首经河北,我满以为冀州大地会遍布新桑,没想到重来此地根本看不见有什么稠密如绿云的桑树。北方不种桑,不能生产丝绸,那么丝绸的供应责任就都压在南方织女们的身上。吴梅村有诗:"归来故乡无负郭,破家结客成何济?"我这样的书生的建议何济于事,只好听任南方的织丝妇女自己发愁罢了。

我还记得我借贷时写的诗:"贱士方奇穷,乃复有所陈:冀州古桑土,张堪往事新。我观畿辅间,民贫非土贫,何不课以桑,治织纴组紃?昨日林尚书,衔命下海滨……无稻尚有秋,无桑实负春。妇女不懒惰,畿辅可一淳。我以此报公,谢公谢斯民。"_(其二一)

在南归途中,我坐在马车里,听着嗒嗒的马蹄声和车轮声,一时觉得生存的感觉亦真亦幻。佛法的空观、假观和中观似乎可以解释一切:"因缘所生法,我说即是空。亦为是假名，亦是中道义。"跟《易经》的刚健语气可堪一比："君子终日乾乾，夕惕若，厉无咎。"

我曾经以君子自期，信佛之后，朝乾夕惕的内心省思在佛法的加持里成了日课。林则徐曾手书《金刚经》等五种经咒，题作"行舆日课"，随身携带。魏源的功夫也深，他甚至受了菩萨戒。我也曾自称"震旦弟子"。二十八岁时，我就起信学佛，作《发大心文》："伏以人身难得，佛法难闻，我今得少善力，得生人中，正像云遐，末法现在，欲报大恩，须发大愿。"我发愿要断灭贪、嗔、痴三种自心烦恼，发心正思维，发誓待自己成就后，要度尽一切众生。我当时还跟妻子说过，"我欲收狂渐向禅"，并且准备过"一卷金经香一炷，忏君自忏法无边"的生活。四十岁时，我发誓要在八年内诵念大藏经中"贞"字函，即《拔一切业障根本得生净土陀罗尼》五十九字真言，一共要诵念四十九万遍，"愿秘密加被，灭我定业，疾证法华三昧"。并设立记数簿，要求自己不论行站坐卧中都持诵不已。这种修行的功课非止佛经，四十一岁时，我还发愿读张载的《西铭》三千遍。在我看来，那些文字跟佛经差不多。

这种持咒的生活让我如痴如醉过。据说数千卷咒言可称一藏，我的四十九万遍逊称七藏是合适的吧。七藏的通灵经咒曾像电光那样闪耀在我身心的无边暗夜里，身心的幽暗无明确实需要不断地忏摩来救赎。最近我又给自己重新订立诵经功课,每日诵习三普经文,即《普贤菩萨劝发品》《观世音菩萨普门品》《圆觉普眼品》,等等。就像有人耳提面命一样,一旦我持诵三普经文,它们就会自动地像贯珠累累一样连续不断。^(其二二)

世象纷纭。说到世象,还记得刚出京城,在广渠门外投宿时,夜里看到有人在研读经籍,像是在庄重地做着学问。广渠门又称沙涡门,门外五里左右有一个地名叫五尚书坟,不知道五尚书是何许人也。半夜望坟园,依稀能看见坟地的磷火。

我当时在心里为这个无名的学者吟诵了一首诗。我赠给这个学者的诗篇如此写道:

> 荒村中的客人埋头研究学问
> 琐屑的考证,"虫鱼之学"的迷宫
> 耗尽了长夜里的精神,如果有人
> 谈起学问,引用了你的见解和姓名
> 这一夜的用心不算白过
> 终胜那些姓氏消失干净的人
> 沙涡门外的五尚书坟
> 早已无人知道他们的姓名。^(其二三)

这个荒村中客人的为学精神值得申说，但人们很少如此。除了少数人，世道多急功近利，人人的眼皮子浅。十年树木，百年树人。谁肯栽培一棵参天大树呢？

沿途所见，到处都是黄泥和茅草盖的亭子和房子。至于新种的水杨和柳树，仅仅长到三年，就被砍伐拿来给儿子、孙子做房屋的栋梁了。

很少有人做长期的积累，很少有人沉静下来，人们被生活、流行捆绑住了，或者说，人们为生活、流行推着走了。很少有人从容地做功夫，寻找自己的生存方式。老子在千年前的感叹仍适用于今日："孰能浊以止？静之徐清；孰能安以久？动之徐生。"（其二四）

何止百姓目光短浅，就是官府也在得过且过。结果就是物以类聚，人以群分。记得太史公曾写到某人少年时即椎埋为害，作奸犯科。这类流氓一直层出不穷，但在正常的社会里他们都见不得光，如今他们似乎堂而皇之地招摇过市，因为他们混入了官府，为吏为卒。

汉朝曾在都城长安周边设了京兆尹、左冯翊、右扶风三长官，称为三辅，类似今天拱卫京城的警备军，对于他们的管理非同寻常。当年有人问过：对于像吕布那种人的管理是否就像养一只老虎一样，必须让它吃饱肉，不饱食就要吃人了？答者说：并非如此，管理他们应该是像养鹰一样，饿着才会为我所用，饱鹰是会飞走的。

今天京城卫戍部队日益腐败，他们找钱的手段不少。据说还有做椎埋的勾当。他们就像终日饱食的老鹰一样，还美其名曰是第二技艺、第二职业。他们哪里还有什么战斗力、执行力呢？这些人的数目逐年猛增，正如孟尝君在薛城安置了六万家任侠奸人一样，他们中有半数混进京师卫戍军队，做了守卫京城城门的下级军官。

阳陵大侠朱安世曾为汉武帝所忌惮。武帝贵为一代雄主，见不得民间有人的声望赶上皇帝的威望，他下诏通缉朱安世而不得，非常恼火。丞相公孙贺为赎儿子之罪，请求皇帝让他追捕，武帝允诺。公孙贺历经艰辛，将朱安世捕获移送朝廷。朱安世知道公孙贺的目的后大笑："丞相把祸事引到自己家族里了，终南山的竹子写不尽我要告发的罪状，斜谷里的树木也不够制作被牵连的人所用的桎梏。"后来朱安世在狱中上书，历数公孙家的罪行……

今天跟汉武帝时相比如何？我们守卫京师的吏卒多半是欺软怕硬、狡猾蛮横之徒，纪律松懈，没有利益驱使，没有利害冲突，谁还肯费力去抓捕像阳陵大侠朱安世这类人物呢？（其二五）

世事不堪，但人间的真情、人才的特异仍堪慰藉。那些场景、画面历历在目，让我感念无已。

记得离开京城那一天,距离国门已七里之遥。吴葆晋(号虹生)守在一座必经的小桥上,请我喝茶,两人洒泪告别。

那么,这首送别诗该如此写吧:我的斑骓马走在路上,落花落在马的身上。前村的茅店就是我的投宿之地。听说前面小桥上有人呆立,原来是老朋友吴虹生啊,为了送别,他居然提前来到这里。他跟我喝了一碗茶,眼泪都掉在茶碗里。_(其二六)

我还记起了朱赓(字丹木)。他这次因公到京城来,知道我生计无着,手头拮据,为我添置了行装。他跟我先后离京,他匆匆来去,我居然成为他匆匆来去的受益者。

丹木兄是云南石屏人,他可算是南方一位高标秀出的大才。他做地方官时,风骨一如他的诗篇。在野棠花凋落时,我们曾在城边谈到天晚,两人都回忆起那段系马郊游的日子。辛弃疾有词:"野棠花落,又匆匆过了,清明时节。"青春逝矣,韶华不再,那些美好的时光是多么令人留恋啊。

说到丹木的诗,他的《山居八咏》近于游戏之作,却是性情之作。如《山家》写道:"斜斜整整白板房,高高下下绿萝墙。东邻水过西邻响,大妇花分小妇香。村巷夜深犬为豹,柴门日落牛随羊。葛怀之民自太古,尘世遥望云茫茫。"《山寺》写道:"青山合沓青溪回,中有栋宇何崔嵬。

云霞争拥楼台出,风雨常随钟磬来。百岁老僧制虎豹,一堂古佛生莓苔。游人莫讶香火冷,四百八十成尘灰。"（其二七）

我也记起了广东番禺的黄蓉石。

蓉石是道光十六年（1836）的进士,在刑部做官。

朋友啊,不是我逢人夸你,竭力称赞你,实在是你的人格太有魅力了。你有张狂之态,有侠义之气,又绝不缺乏温文尔雅。

宋人笔记中记载一枚古镜,镜上刻有铭文:"同心人,心相亲,照心照胆保千春。"在我看来,玉阶兄啊,你对人就是肝胆相照,人们在你那里总能感到一种高尚品格扑面而来,你的为人大有古人之风,在你面前,人们就像面对秦时的明月,久远的历史让人庄敬受益。你送我的时候,情感又如山岭上的白云那样蕴藉缠绵。（其二八）

当然还有汤鹏,那个湖南益阳的"蛮子",跟我、魏源、张际亮同被誉为"京中四子"的朋友。这个小老弟曾被夸称为"凌轹百代之才",他跟炙手可热的权贵汪廷珍、穆彰阿有师生之谊,本可攀龙附凤,青云直上,但他为人刚直狷介,不折腰屈节、趋时媚俗,而是勇于抨击权贵,指陈时弊。结果,"礼曹十年不放一府道,八年不转一御史",长年待职闲曹,终不能为朝廷所重用。

汤鹏字海秋，他怀才不遇，就在诗中倾诉，想让天下人知道自己的抱负和才识。他在壮盛年华写诗三千余篇，自己删定两千余篇。我曾经说他的诗，诗与人为一，人外无诗，诗外无人。我说，海秋的心事都在这些诗中，他的个性、文字如此鲜明，使得人们只要看到他的一首诗，无论是否熟悉，就知道，这就是汤益阳的诗。

汤鹏为人勇于自信，英绝一时，他说过："犹有三书摧管乐，几回慷慨佐虞唐。"他在《临大节而不可夺也》一文中更是说过："发其痛哭流涕之狂，以折奸雄之焰，而生死在所不言。""矢其慷慨致命之誓，以固同仇之心，而成败亦所不计。"

前年我给汤鹏写诗，他回赠一诗，把我比作"越鸟"，他自己则是"楚鸟"。他说我们都是"自名凤凰"，虽然"名高患作，中道回翔，既惩既创，云胡不藏"，但我们仍不愿沉默退藏，我们要"呼同志子，来奋来将"。

我想到古人优孟，穿起一代贤相孙叔敖的衣冠能够惟妙惟肖，实施人间正义；但后来至于今天的优孟衣冠者，不过是逢场作戏罢了。正如有人说我古狂，也有人说汤鹏自负，比起来，汤鹏的人格远远胜过那些模仿别人、随波逐流，甚至以俯仰自如而自得的人啊。（其二九）

知音难求，而人生路上有相同经验者也很难得啊。像中原光州的吴虹生兄，嘉庆二十三年跟我一样考试中举，我们是同年的师兄弟。道光九年，我们参加会试，同中进士，考官都是直隶省清苑的王植大人，我们算是王公的门生了。我们一同参加殿试，参加朝考，结果都没福分运气，都没有及格。那时，我们都在内阁任中书了。在殿试朝考后，我们都应改外（任），离开京城做知县。结果我们俩都不愿任外官，同时申请回任内阁中书。

这样自古都难以遇见的巧合居然发生在我们身上，我们在京城的遭遇就像传说中的比翼鸟和比目鱼那样相同，我们两人也相亲相惜。

《新唐书》中说，僧一行"以为天下山河之象存乎两戒"。"北戒自三危、积石，负终南地络之阴，东及太华，逾河，并雷首、底柱、王屋、太行，北抵常山之右，乃东循塞垣，至濊貊、朝鲜，是谓北纪，所以限戎狄也；南戒自岷山、嶓冢，负地络之阳，东及太华，连商山、熊耳、外方、桐柏，自上洛南逾江、汉，携武当、荆山，至于衡阳，乃东循岭徼，达东瓯、闽中，是谓南纪，所以限蛮夷也。"北戒为"胡门"，南戒为"越门"。现在看来，一行和尚把山河大系当作分割华夏与戎狄、华夏与蛮夷的两条地理边界线，有些主观了。华夏生活有那么优越吗？北戒之北和南戒之南就没有天理人情吗？像我和吴虹生的缘分在哪里都会存在。即使彼此今后相隔极远，哪怕各在两戒河山之外，我们的友情直到子子孙孙都不会完结。

说到我的恩师王植，市井流传说我对他不尊重。故事说得活灵活现，说我的考卷被分发在中丞王植的房中。王植在阅卷时，看到一篇试卷笑不可遏。隔壁的一位考官侍郎温平叔闻声赶来，把卷子要来一看："此浙江卷，必定龚自珍无疑。此人性喜骂，如不取，骂必甚，不如推荐上去罢。"我龚自珍进士及第居然是靠平时有一个骂人的名声。编造故事的人还说，有人问我的房师是哪个人，我的回答是：稀奇，稀奇，是个叫王植的无名小辈！故事还说，王植十分难堪，埋怨温平叔："依你所言荐上去了，又中了，还是挨骂，奈何？"有的故事还总结教训说，我的名士气不值一提，看呢，王植做了巡抚，龚自珍在官场上依然是个小角色。这些编造故事的人居然视而不见，如果我对恩师不敬，我的同年吴虹生会睬我吗？恩师王公不仅门下有优秀的弟子，他自号秉烛老人，他自己也是有守有为的学问人啊。（其三〇）

说起学问，学问向来有一时一地的兴衰。本朝的学问在福建也有自己的流派，闽学虽然后起，其文章风格醇厚，多有古情古意。我这两年新认识的朋友，福建晋江的陈庆镛（号颂南），做户部主事之官，他谈起学问来很像其乡贤前辈李文贞。

福建在本朝的大人物非李文贞莫属了。李文贞本名李光地，写过一副对联：有水园亭活，无风草木闲。他去世后得到朝廷的嘉奖，得谥为文贞。福建虽然地处边缘，但治学者一旦有了榜样，就会有人效仿。就像朱熹朱夫子成了李光地的榜样，李光地也成了陈颂南的榜样。^{（其三一）}

除了跟陈颂南话别，我还跟何氏兄弟话别。

何绍基（字子贞）先生、何绍业（字子毅）先生都是大学问家，他们兄弟就才华言就像是一对双胞胎兄弟，他们本来就是真的双胞胎兄弟。说来有意思，学界向来有文家之说，民间则被称为质家。对双胞胎两人谁大谁小、谁兄谁弟，文家、质家的说法就不一样。民间的习惯是先出生者为兄、后出生者为弟；文家的礼法以先出生者为弟，后出生者为兄。据说文家的理由是"后生者为兄，以其居上也"。佛家也支持文家的说法："后生为长，所以者何？先入胎者必后出故。"但何家兄弟不按礼法来排长次，而是按照民间的习惯来论长幼。

我跟何氏兄弟交往多年，最早的时候我们跟包世臣等人一起经常雅集，绍基到时多，绍业到时少一些。道光九年，我请人重刻王献之的九行《洛神赋》，参与其事的除了林则徐、魏源、徐星伯外，就有何绍基先生。去年夏天，绍基先生知道我将离京返乡，给我提供了纸本要我抄写自己的文章送给他，说是"相思资也"。我花了两天时间抄写两千八百字以报知己，供其存念。

何家兄弟的命看似差不多，他们的兴趣爱好几乎完全相同，但他们的运气却不一样。那些迷信星象命算的人可能没法解释其中的差异，大郎何子贞显贵，二郎何子毅清湛。_(其三二)

我的朋友、浙江会稽人潘少白是一个奇人。他少年时代就仰慕颜渊、曾参的为人，而对管仲、乐毅那种贪图功名者不屑一顾。他遍游名山大川，他胸中藏着的大海和山岳，在梦中也会翻腾飞翔吧。

少白先生本名潘谘，他喜欢独自去游览天下的名山大川，他的足迹超过几万里了。他跟姚学塽前辈关系非常好，日求寡过，以无玷古人。他跟当官的谈话，总是讲爱人；他跟村夫聊天，就谈养殖农事；他跟读书人讨论，就谈孝悌忠信……他自己花销极少，只有一床被子，每天两顿素食。稍有积蓄，就周济给有困难的人。曾经有几个人带着金银来给他母亲过寿，被他拒绝，后来不得已，他只要了一点金银算是领情。他母亲知道后非常生气，批评他说："你见过和尚用如来佛的像到市场上去乞讨吗？我就是那个方便你乞讨的像吧。"少白先生为此谢罪并把金银都散出去了。

少白先生就是这样的一个奇人。他近年来隐居北京，我们曾一起赴吴虹生家的南轩雅集。

他曾经记录我们这些人的高谈阔论，说徐星伯对海内山川地理了若指掌,说我善于传奇和奇物异事,至于他自己,他听我们谈论,"上下古今,出入霄壤,容与于太虚太始,而归于人事之内,千态万状,以醇酒沃之,岂不伟哉!"

有少白先生隐身京城,我不信北京是狭隘的,就是因为它的胡同街巷,能够让潘谙这样的布衣士子有容身藏身之地。(其三三)

除了跟潘少白先生话别,我还跟裕恩先生话别了。

龙树当年到大海的龙宫里探宝,据说他见《华严经》十万偈过目不忘,这部佛经因此能够流传人间。在我们的传统里,创造文字的人是仓颉和佉卢。我一直想知道,在龙树探宝的时候,我们的娑婆世界里是否有人认识仓颉和佉卢的文字?

我的朋友裕恩乃睿亲王子,他喜欢读佛经,懂多种文字,计有额纳特珂克、西藏、西洋、蒙古、回部及满、汉七种文字,又校订《大藏经》,只要佛经有新旧几种译本,他都要找到,或者校对出一种版本,或者两种版本、三种版本都保存下来。自佛经进入我们华夏,这几乎是未曾有过的盛举了。

按照佛经的说法,久远的时间必经旷代之劫,成住坏空为一大劫,昼、夜、月、时、年这五劫也只是时间的示现方式罢了。裕恩在先圣先哲隐迹很久以后来到人间,还认识七

种文字,这里面一定有殊胜之义吧。(其三四)

我还跟大兴的周之彦老先生告别。初到北京,还是三十八年前的事。那时的我,脑袋上扎着小辫子,在北京入塾读书。周老先生摸着我的脑袋,说我头角峥然。

唉,一晃都快四十年了,这些年里,世道从安定到不安,我也从蒙昧无知的小儿变成阅尽沧桑的中年人了。回首当初,就像是从魏晋南北朝那样的纷纭乱世,追溯到黄帝、神农那样的淳朴浩渺时代。

是的,我们童年少年无意中拥有的,竟然是我们成年后苦苦追求却不能求得的。我们无意中拥有过黄帝、神农那样的天真时代,现在的我们乱如魏晋,再也回不去了。(其三五)

跟山东济宁的王秋畹先生告别,他也是资助我南行的朋友。秋畹先生名继兰,是嘉庆十八年(1813)举人,现在正管理着一个大县,可说是个大知县。

我佩服先生的聪慧优雅,常有无语的默契,更有倾心的交流。我们讨论学问,唱酬诗词,文字的因缘跟骨肉之情一样深切。前人甚至说过,文字之缘,较骨肉妻儿更为真切,诚哉是言。

跟秋畹告别时,我们的话语都在和着泪水的酒中。唉,秋畹先生知道我的穷窘,赠我黄金;我也如英雄迟暮,面对朋友的真情不免伤感万分。

"我又南行矣！笑今年、鸾飘凤泊，情怀何似？纵使文章惊海内，纸上苍生而已。"二十六年前，我写过这样的词，我还说，"愿得黄金三百万，交尽美人名士。更结尽、燕邯侠子。"但二十多年过去，我没有得到三百万黄金，我所得的不过是至亲好友助我活下去的深情。（其三六）

我当然不会忘记嘉庆二十三年一起中试的同年托浑布，尽管老托没有实现我在河北种桑树的愿望，但他跟我的交情非同一般。

《诗经》有言："四牡骙骙，周道倭迟。岂不怀归？王事靡盬，我心伤悲。"但是，三十岁的时候就因勤劳王事到海外去，托浑布并不感时伤事，他是坚毅的。他曾有诗歌记自己到台湾："羯来王事迫靡盬，捧檄将泛扶桑东。"每一谈起官场经历，托浑布就壮怀激烈，意气飞扬。

我们中原的文化里少了一些海洋的成分，兕甲啊，楼船啊，这些东西多只是听说过而已。《吴越春秋》中说越王勾践伐吴，"吴悉兵屯于江北，越军于江南。越王中分其师以为左右军，皆被兕甲"。但我们谁也没见过长着一只角、青色、重达千斤的兕是什么样子。《史记》中说："是时越欲与汉用船战逐，乃大修昆明池，列观环之。治楼船，高十余丈，旗帜加其上，甚壮。"我跟托浑布一起喝酒聊天，最用

心听的，就是老兄当年坐着战船从海上归来的经历。（其三七）

说到同年，我的己丑同年们，就是嘉庆二十三年中举留京城的五十一人，都跟我关系不错。《诗经》中说："惠而好我，携手同行。"这次离京，匆忙之间难以一一告别。但我还是跟南丰刘良驹、南海桂文燿、河南丁彦俦、云南戴絅孙、长白奎绥、福建黄骧云和江鸿升、枣强步际桐等人握手为别。更不用说前面说过的吴虹生兄弟。他们为我送别的情境历历在目，让我永远铭记他们的深情厚谊。

这些同年的兄弟，我已经退隐于江湖，你们还在庙堂间沉浮。屈子有诗："老冉冉其将至兮，恐修名之不立。"隋朝时的张文诩也曾为此感慨。张文诩辞官回家，以种花种菜为生。地方上的各级官员都向朝廷推荐他，他从不接受官府的这种机会。人们都知道他对母亲的孝顺，他的德行也感染了人，他所在的乡县风俗为之一变。曾有人晚上偷偷地去他的田地割他家的麦子，他看到了一声不吭地避开，小偷为此感动，放弃割麦向他谢罪。张还宽慰对方，发誓不会把此事宣扬出去，一定要小偷放宽心。过了几年，小偷跟乡里人说起这件事，人们才知道张的品德。地方政府见他家贫寒，要资助他，他总是推辞不接受。但在闲居无事的时候，他会感叹："老冉冉而将至，恐修名之不立！"人们因此把他比作孔子弟子中以孝闻名、德行高尚的闵子骞、原宪等人。

一个人是隐是仕,是无名还是求名,能够完全放达吗?如有名,谈何放达?如不曾沾染名声,又何谈放达?那么,今后我在江湖上闲适高卧之时,如果听到兄弟们升迁的消息,想到自己蹉跎一生,想到"冉冉""修名"一类的古话,或许仍会心情悲凉吧。（其三八）

我也告别了龙泉寺的唯一和尚。我曾经在他那里借还佛经,早上借经时用伞笠遮着回家,晚上还经时,寺里的佛龛里已经点上了油灯。

佛经中说,弥勒菩萨在龙华树下成佛,龙华树那里就是西方净土啊。那么,让我们在龙华树旁相会时再多谢唯一吧,我要让人知道,唯一是龙泉寺里有借经功德的和尚。

唉,我虽然为世人目为呆狂,我也确实愤世嫉俗,但内心里对这个娑婆世界是多么感念啊。除了自己用功修行,我也曾尽力广施功德。我曾和妻子何吉云一道,"敬舍净财,助刊《大方广圆觉修多罗了义经疏》成,并刷印一百二十部,流传施送"。我还把古代高僧的著作编为《支那古德遗书》,并抄录二百本施送给各寺庙。

在北京时,我也为龙泉寺募捐造藏经楼,写了《为龙泉寺募造藏经楼启》以做广告。（其三九）

我也跟山东日照的许瀚先生话别。

许瀚，字印林。一生致力于学问，研究考据之学，搜辑金石碑版不遗余力。自道光八年（1828），许瀚在王引之先生的领导下，在武英殿校正《康熙字典》，历经四年，至道光十一年（1831）完工。因学养湛深，工作勤奋，得从六品"州同"衔，他的父亲致和公也得到政府颁赠修职郎的荣誉，母亲成氏、孙氏也得赠孺人。这大概是许瀚最大的业绩。他读书广博，研究金石之学，写得一手好字。

从长江以北的立场有对南方地理的简单划分，那就是长江下游地区在东边，称江左；江西一带自然称江右了。我多次对印林先生说过：印林先生您的学问在北方学者中可算第一，江左学者们懂得的学问，您也都不陌生。

文章学问一道，跟乡土一样有宜居不宜居之象。《左传》中记载，晋国的国君想迁都，不少大臣说，应该迁到哪里哪里，因为那里土地肥沃，而且产盐，国利君乐，是难得的好地方。但韩献子反对说，那里并不合适，不如迁都到新田去，新田土厚水深，居之不疾，又有几条大河冲走不利的因素，民众也驯服，这比单有盐田的地方更有利。

印林兄啊，您的学问就像厚土和深水，文章气局庄重，能够给予心灵以安慰，是宜于人心居留的精神国土。

古人有请人定稿一说。丁廙曾请曹植为其改定文章，曹植自认为才能比不上他。丁安慰曹植说："你何必顾虑，文章好坏，我自己清楚，后世更有谁是我的知己，而为我改定文章呢？"多年后，曹植还在给杨修的信里谈起此事，说他常感叹丁廙的达观，以为美谈。另一个例子是，任昉做王俭部下的时候，王俭拿出自己的文章，让任昉校正，任昉就帮他改定了几个字，王俭叹息："后世有谁晓得您帮我改定过文章？"

那么，印林兄啊，我现在就请求您，将来要麻烦您来审定我的文字。^(其四〇)

汉代的扬雄（字子云）和司马相如两人，一为学者，一为文人；他们的共同点就是都认识古文字。汉武帝时，司马相如编写了一本字典，据说没有重复的字。后来，皇帝征集天下懂得文字学的人数百人，把他们记得的文字报上去，由扬雄来选取有用的文字编成一本字典。

这都是历史上的佳话，现实中也有这样的案例。吴式芬（字子苾）先生跟我的关系，就跟扬雄和司马相如的关系一样。吴兄性情平易，他跟人相处从无情绪冲动的时候，跟人交往也是有原则、有道义的。从京城的官吏到外省的官吏，都倾慕他的诚笃风雅，喜欢跟他交往。吴兄喜欢金石文字，只要是古代的鼎、彝、碑、碣等，包括汉砖、唐镜上的文字，他都要做个拓本收藏。对于古人书画，他尤其擅长鉴别。

还记得前年在京城，我与吴式芬隔巷而居，我们经常相互传看各自所收藏的金石碑版拓片。那真是把给我们传递拓本的小书童忙坏了,我们既欣赏拓本上上等的翠墨,也收看对方写的便简书函。那个时候,除了见面,我还几乎三天两头地跟吴式芬写信交流,送还借来的拓本,发一点议论。那个时候,我们沉浸在友情和爱好中,过得充实极了。(其四一)

至于前辈徐松(字星伯)先生,他是直隶大兴人。他可是一个有心人啊,他有一个随手记录的习惯。大家都知道他对山川地理形势的测量记录,其实他对人才的搜罗也极为用心。据说宋人施师点的习惯是,只要听说有什么人物,就写下来放到夹袋里。在他看来,人才难以自见。星伯先生则把海内人才的资料收集记录下来,放在自己的夹袋里,无一遗漏。星伯先生的抄书功夫也了得。还记得我抄过一本《长春真人西游记》,星伯先生知道后从我这里借去抄本抄了一遍,还写了一篇跋文。

历史证明,人才的发现确实要依恃有名望的人物。《金史·元好问传》记载,战乱结束后,那些以前的老学者都已经谢世,元好问成为一代宗师,各地要写碑版铭志的都蜂拥到他的门下。

本朝也曾有过这样的宗师巨匠。人们想到朱筠(号笥河)先生,就会想到戴震、邵晋涵、王念孙、汪中等,一个时代的人才为他发现,还会想到他培养的杰出的弟子们,如兴化任大椿，龙溪李威，阳湖洪亮吉、孙星衍，会稽章学诚，偃师武亿，全椒吴鼐。至于翁方纲（号覃溪）先生，人们也会联想到他平生喜欢提拔人才，凌廷堪、孔广森、王聘珍、冯敏昌等人，都经翁先生奖拔成名。

如此，笥河、覃溪先生俱往矣，提拔荐引人才的责任定然要落在星伯先生您的身上啦。（其四二）

这次离京，我还跟曾经在宗人府共事的诸位皇族宗室话别。我和宗室同事们上朝的时候，一边走一边谈，笑语融洽。古之君子必佩玉，行则鸣佩玉。想到这些同事，我的耳边就恍惚听到泠泠的玉佩声响。

古人有觇看天象一说，如："吾夜观乾象，昼察人事，天之所废，不可支也。"天文学上把银潢称为天潢，天潢五星在西宫中。人们常说，天潢贵胄，我也曾跟天潢贵胄们共事过啊。现在离京城日远，我想到下界的人观看天象时，晚上定会看到天潢的地方少了一颗客星。（其四三）

[传记]

卷三 青春壮盛

我年少时喜欢读王安石的《上仁宗皇帝言事书》,还手抄过九遍。道光九年己丑殿试,在殿试中,我仿效王安石的那篇文章,撰写了《对策》,"胪举时事,洒洒千余言,直陈无隐,阅卷诸公皆大惊"。

我还记得当时的情景,文章写完,把笔掷下,就像掷出一把闪着寒光的倚天宝剑。很多时候,一个人的笔和宝剑难解难分,笔即是剑,剑即是笔。杜牧说过,当天下无事不需要将军打仗时,将军无用武之地,面对自己的宝剑,等闲白了少年头,就像是报国无门的文人看着自己的笔感觉无用一样,会伤感落泪。宋玉说:"长剑耿耿倚天外。"李峤则说:"倚天持报国,画地取雄名。"这都是说,笔不异剑,剑不异笔。

科举考试后发布的考取者名单榜,称为淡墨榜。范成大有诗:"名场魁淡墨,官簿到花砖。"我是这样看的,淡墨堆中有废有兴,有世道的真相。但如果人们把我的文章当作一般科举的淡墨文字看待,那也任凭他们如此去看好了。

古人说："上医医国，其次救人。"我在考试中提出自己的对策时曾经引用苏东坡的话："药虽呈于医手，方多传于古人；若已经效于世间，不必皆从于己出。"在先贤面前，我哪里敢自称是医国能手？我只是贩卖用古方制成的丹药罢了。（其四四）

己丑年四月二十八日，那天我参加朝考，第一个交卷出场，有人恭维我说"君定大魁"。我回应说，那还要看国运何如。并非我自负，实在因为我对边疆的地理形势了如指掌，平时就有调研，以前就写过《西域置行省议》等。这次朝考，皇帝问的正是西北边疆的事。可以说，整个边疆的局势及其政策，新疆南北两路两万里的情况，就像在我的眼前，我写的建议像风雷一样飞出胸中，毫不花费心力。

过去读书，看张鹏翀故事，都说他是谪仙人，天才敏捷，作押韵诗文尤其厉害，如有宿慧，兴到成篇，脱口而出。说他参加乾隆皇帝的考试，大家还在那里苦思冥想，听到有人交卷了，心里都会想到，交卷的这哥们儿一定是张鹏翀。还有一次，大家在等候皇帝的时候，用"棕"字韵来作诗，结果张鹏翀冲口而出几十句，什么"山河扶栋宇，日月倚帘栊"，什么"天阙常依北，招摇渐指东"……把在一边看守的期门卫士、伙飞军士都听呆了。

那一次，我参加考试的举动也差点把期门、伙飞的胆吓破了，后来至于今天，他们还传言说，那时回家就对人惊骇地谈论自己遇到的奇事，他们就像是遇到仙人了。

我在《御试安边绥远疏》中说，如今我朝边疆情况，跟前朝面临的局面完全不同。本朝开拓边疆二万里之广，但不能以为这如张骞出使西域那样有"凿空"之功；用于警戒的台堡一个挨着一个，但这样的边防也没有明朝那样的九边重镇的名声。"疆其土，子其民，以遂将千万年而无尺寸可议弃之地，所由中外一家，与前史迥异也。"

我写得那样痛快淋漓："今欲合南路北路而胥安之，果何如？曰：以边安边。以边安边何如？曰：常则不仰饷于内地十七省，变则不仰兵于东三省。何以能之？曰：足食足兵。"（其四五）

唉，当年意气风发！

考试后的同科新进士们一起参加传胪大典。在朝廷大殿前的彤墀阶地，我们排班站立。殿廷金碧辉煌，朝阳初上，有如图画，更跟我们这些年轻的后起之秀相得益彰。我们是传说中的鹓鸾那样的神鸟、瑞鸟，我们就是那早晨的阳光。

殿前守卫的欻飞武士们议论我，对我指指点点。当年洪子骏说我："结客从军双绝技，不在古人之下，更生小会骑飞马。如此燕邯轻侠子，岂吴头楚尾行吟者？""一棹兰舟回细雨，中有词腔姚冶，忽顿挫淋漓如话。侠骨幽情箫与剑，问箫心剑态谁能画？且付与，山灵诧。"他们有人知道我的这些情况。看到了吗？那个新进士文武双全，既有健儿的身手，如今又是一位新文官了。^(其四六)

在终军、贾谊那样的年纪，我也有他们那样不寻常的抱负，有他们那样的块垒郁结。但我没能像他们那样建功立业。

早在二十七年前，嘉庆十七年（1812）壬申年，我还只是一个副榜贡生，尚未正式进入仕途的时候，就在武英殿做校勘古籍的工作了。那可以说是我一生攻治校雠之学的起点。在那里，我读了许多外面不易看到的官府藏书，真是意兴纵横。

屈原在《离骚》中说："制芰荷以为衣兮，集芙蓉以为裳。"荷衣是人高洁的象征，是未出山不曾受污染的清水处士的象征，李白有诗："竹影扫秋月，荷衣落古池。"许浑则说："一笛迎风万叶飞，强携刀笔换荷衣。"胡古愚说："先生高尚制荷衣，结屋藏书入武夷。"

朋友们说，我还只是一个准官员的荷衣处士身份，就熟悉了去武英殿的西华路，未来一定不可限量。

未来还是来了。后来的我中了举人，成了进士，有了功名、官职。原以为能够施展自己的政治抱负，做一番大事业，哪承想处处是障碍，到头来一事无成。算来算去，我一生只是跟古籍打打交道。现在辞官南归，再也不过问政

治,人生转了一大圈,最终还是回到校勘古籍的老路上来了此余生。(其四七)

往事历历在目。

道光九年,我在内阁中书任内,曾上书大学士,提出几条建议,其中之一就是请大学士按时到内阁批阅公文。当时的大学士兼职很多,什么军机大臣、御前大臣,几乎不到内阁办公。我以为这会使内阁形同虚设。

孔子的正名思想是有道理的,凡事名不正则言不顺,言不顺则事不成。荀子也说,王者之制名,名定而实辨。我们很多时候名实不符,说好话做孬事,好话就不切实际。所以说,万事都要把名义放在正确的位置,正名是一切事情的良好开端。这跟汉代的公卿所说的对官员办事能力进行考察的"综核名实"还不太一样,正名乃是治理的核心要义。

如果没有人反对我狂妄冒昧的建议,那么我愿意侧身站在东华门边,在那到内阁去的必经之地,倾听大学士到来时身上的佩玉响起的声音。(其四八)

道光元年(1821),我在内阁做国史馆校对官,恰值朝廷重修《大清一统志》。这也是我学问的强项啊,我就给国史馆总裁上书一封《上国史馆总裁提调总纂书》:"内阁中书、本馆校对官龚自珍上书各中堂、各大人、各先生阁下:

本馆现在续修《大清一统志》，自乾隆三十九年（1774）书成后，伏遇今日重修，欣贺无量。续者纂其所未载，修者订其所已成。自珍与校对之役，职校雠耳。书之详略得失，非所闻，亦非所职。虽然，窃观古今之列言者矣，有士言于大夫，后进言于先进之言，有僚属言于长官之言。僚属言于长官，则自珍职校雠而陈续修事宜，言之为僭、为召毁；士言于大夫也，后进言于先进也，则虽其言之舛，先进固犹辱诲之。自珍于西北两塞外部落，世系风俗形势，原流合分，曾少役心力，不敢自秘，愿以供纂修、协修之采纳，而仍不敢臆决其是否，恃中堂以下之必辱诲之也。"

在这封五千言的上书里，我订正旧志中蒙古、新疆、青海地区有关部落居住、历史沿革、山川地理等方面的错误缺漏，共有十八项之多。孔融称赞祢衡，说他"飞辩骋辞，溢气坌涌"。我那时上书还是少年意气啊。杜审言有诗："伐鼓撞钟惊海上。"我的建议，像敲钟打鼓一样，传遍海内，以至于研究西北边疆地理的大家程同文先生要我跟他校理有关文献，这更让世人知道我的学问之深。人们为此把我们二人合称为"程龚"。

汉代的刘向奉皇帝诏命校对《战国策》等书，他校定后会在册牍的尾页写上"臣向校"。我在五千言的上书中，写到最后，也仿刘向故事，只写上校对官的职务。我在上书中论西北塞外源流、山川形势，有人说，这跟我的身份不相

称,不是我分内之事,"头衔不称",我就把文字删减,一下子删到两千来字。(其四九)

道光十八年(1838),也就是去年,我在礼部主客司做主事时,曾给礼部堂上官上书,对礼部的仪制司、祠祭司、主客司、精膳司四个司的改革事项提出建议。这一次上书有三千字,但我的千言建策被人看作"卑之无甚高论",并不采纳。唉,我还敢以君子之心,测度我们的"上公"大人们是"虚怀若谷"的吗?

每一朝代都应该扬善,对于那些在制度建设、礼仪改革方面有重大贡献的也应该进行褒奖。人们把太庙的祭祀当作大事。除了正殿当中的神位,两旁廊庑也有一些牌位,这种配享或从祀的做法被称为袝。向元祀或正祀献祭叫正献,向配享献祭叫分献。用牛、羊、猪三牲祭祀称为太牢,用羊、猪二牲祭祀称为少牢。

在我们礼部的改革史上,叔孙通是一个绕不过去的人物。如果有人问我,汉朝哪些人应该进入太庙配享,我会请求把叔孙通加进去,让叔孙先生的在天之灵能歆飨少牢的馨香,他当得起这样的光荣。(其五〇)

道光十七年(1837)正月,我奉旨到玉牒馆任纂修官。这项中央皇族人员资料的统计事务工作,每十年就要修订一次。我草创修订章程,结果未能完工,两个月后,就改任礼部主事。

我是学问中人,似乎不是官场中人。虽然也厕身官场,总像是客卿外人。好在我这颗客星在天潢附近灿烂明照,人们也容许我署上著作郎的名头。只可惜,我那些辛苦的案头工作,翠墨未干,拟写的章程就如残蚀的仙字,无人知晓其意义。在皇城东侧的掖门旁边,只留下吞云吐雾提神的云烟半榻躺椅,算是我到那里工作过的证物。(其五一)

我的工作无足称道,却也为上司认可。每次引见我去见皇上,我报告自己的姓名、籍贯、职务等履历,同事都在一旁为我捏一把汗。在道光十七年(1837)丁酉年春的京官考核中,我被列为一等,这些事都有吏官记录在案。

像东方朔一样,我的牙齿整齐,像编起来的贝壳。我平时说话就不吞吐含糊,何况在皇帝跟前回话对扬。我见皇帝,报告履历时,声音很响亮,感觉连屋瓦都惊动了。那就让屋瓦自己惊骇好了,老天爷说不定在一边偷笑呢。皇帝看着我,在我的名字上打个朱笔红圈。我看到朱笔在纸上圆转曲折,像是浓瀼的露水一样。(其五二)

道光十七年(1837)四月,我在礼部主客司任职时,还被选官,选得了到湖北给一知府当副手。这个同知的官职类似于唐代的司马,但我不愿赴任,仍留在礼部工作。

我半生的仕官踪迹,只是在中央机关如国史馆、内阁、宗人府、礼部等地方转小圈子。虽然我像丑陋的樗树,庄子说这类树不中规矩,但我还是留恋京师皇城,留恋天子脚下的生活。

所以那年的外放机会,我放弃了。我不想做一员外省的司马。唐代的"二王八司马"事件,柳宗元、刘禹锡等,都是贬官外放的司马,他们希望朝廷改革,结果改革失败,希望落空。千年以下,我想象自己向这八司马挥手告别,我不能重蹈你们的覆辙。老了以后,我的头衔上写着"退锋郎"三字,也就算了。（其五三）

科举考试成功的人,即使名列前茅,也不一定有真才实学。真正的人才如果榜上有名,这一科也会受到人们的重视。古人说过,制科以人为重。宋代宝祐四年（1256）的那一届科考,后来就有人说,那是文天祥中状元的一届考试啊。反之,如果有人到处炫耀,他是哪一届科考中举的,或说他是哪一个书院毕业的,这个人要靠科考一类的经历给自己贴金,水平也就可想而知了。

当然,榜上有名的人,毕业于著名书院的人,即使没什么学问才华,其人姓名也可以靠科考等传扬而为人知。这就是所谓的题名录、登科录,榜上题名,还有人称为通信录。

我八岁的时候得到一本登科录,从那时开始我研究了二百年的科考掌故。我曾搜罗过本朝的科考情况,顺治一朝举行过八次科考,康熙一朝举行过二十一次,乾隆一朝举行过二十七次,嘉庆年间举行过十二次,等等,到现在共有七十九次科考了。研究这些也能知道人才和时运状态。举例来说,乾隆三十六年(1771)的进士榜,以经术显著者就有王增、李潢、程世淳等九人,以文章称著者有林附蕃、周厚辕等人,以风骨节义称著者有钱澧等人。_(其五四)

程同文先生历任大理寺少卿、奉天府丞,曾经做会典馆总裁,整理国朝制度、典故,主持修订《大清会典》。其中理藩院即边疆治理门类,以及青海、西藏等地方的地图,程先生要我校订,这也是我的天地东西南北之学问的源头。

说到程同文先生,我八岁的时候就通过家父大人认识他了。算来他是长辈,但他的好学精神让人佩服。三十岁那年我到北京,程同文先生,还有秦恩复先生,我们三人相约,谁要是得着了一本特别的书,那就互相借抄。有一年春天我还从程同文家里借来《西藏志》抄了一遍。程同文先生的学问从未裹足不前,在去世前,他还给我的《蒙古水地志序》《蒙古声类表序》写下批语。跟着程先生做学问,我也跟着沾光,以至于说到地理学问,人们说这是"程龚"的专业。程先生去世后,我在祭诗中说:"贱子不文复不达,愧彼后哲称程龚。"

人们把绘制有经纬线的地图册称为斜方图，这类工作在官方文件里可以说是以前没有的。程同文去世后，我曾想撰写《蒙古图志》，没能如愿，现在往事已矣。绘制有经纬线的边疆地图，本来就是绝学，如今真的变成了"绝学"。

古人说，天地上下和东西南北，称作六合，也称六幕。如今，皇家藏书府库因之荒凉冷落，我在六幕中仿佛是一个孤独者。_{（其五五）}

戊子岁，道光八年（1828），我写了不少跟《尚书》有关的文字，计有《尚书序大义》一卷，《大誓答问》一卷，《尚书马氏家法》一卷。

当年人们拆孔子的老房子，从孔家墙壁中发现了跟流行版本不同的《尚书》，称为古文《尚书》。可以说，在孔壁里发现的经典像微弱的光芒，韩愈感叹，"寻坠绪之茫茫"，马融就是研究这微弱将绝学问的人，他为之作传的古文《尚书》版本称为"东京本"。这个人虽然学识渊博，是大儒，却并不迂腐。他的性格放达任性，不为儒者的小节所拘。他的房屋器用衣物，都崇尚奢侈，常常坐高堂，挂红纱帐，前面教授门徒，帐后设置女乐。他的弟子门徒有千人之多，他可以说是儒家风流，开启了自己的学派。后来的红袖添香，或者就是起源于他啊。

到现在，官方规定，学习《尚书》的版本还是马融们的"东京本"。历朝祭祀孔子，都在孔庙正殿左右排列孔门弟子及历代大儒的牌位。这是我们的先贤祠啊。

我一直奇怪，唐代、宋代的规矩中，马融是被列入孔庙享有从祀资格的；但自明代以来，孔庙正殿的左右两边为什么缺了马融？当然，有人说过，取消袝祀或配享资格的不只马融一个人，还有刘向、贾逵、何休等人，据说各有其过错原因，马融的过错就在于他攀附当时的世家大族。^(其五六)

癸巳岁，道光十三年（1833），我写了《左氏春秋服杜补义》，还把汉代的刘歆窜改增添《左氏春秋》极为明显的地方做了处理，编定《左氏抉疣》一卷。

在我看来，姬周的史学传统太沉寂了，号称五行中得到火德的刘汉王朝，谈论史学传统的学问更加不行。刘歆在这种背景下崛起，他把《左传》重新发掘出来，这是有功劳的，但他对文献进行改造，这又是有罪的。^(其五七)

谈到外家，在汉代，人们首先想到西京长安附近的张、杜两家。杜邺是张敞的外孙，张敞的儿子教杜邺读书做学问；后来，张敞的孙子张竦又教杜邺的儿子杜林学习。说起对古文字研究这样的"斯文"，我要归功于外祖父段玉裁先生。

玉裁先生是江苏金坛人，据说那里的山石中有金沙。我十二岁时，就跟他老人家学习。他教我《说文解字》，那种学问也算是沙里淘金吧。那是我平生以经说字、以字说经的开始啊。

外祖父不仅是一代大儒，也是能够荣耀历史并与许慎等人争辉的人。有人以为，他一生埋首于一个一个的文字里，太枯燥，太严肃，其实他也是一个有大情怀的人。我二十岁的时候，外祖父为我取字爱吾，他的理由是："字以表德，古名与字必相应，名曰自珍，则字曰爱吾宜矣。"我二十一岁的时候，外祖父要看我的诗文，看了之后还为我的《怀人馆词》写序，当时老人已经七十八岁了。他称道我的文字，"风发云逝，有不可一世之概"，说我的造意造言"几如韩李之于文章，银碗盛雪，明月藏鹭，中有异境，此事东涂西抹者多，到此者鲜也"。我二十二岁那年，外祖父要我向程瑶田学习，"博闻强记，多识蓄德，努力为名儒，为名臣，勿愿为名士"。我二十三岁那年，外祖父读了我的《明良论》，在第二篇写批语说："四论皆古方也，而中今病，岂必别制一新方哉？耄矣；犹见此才而死，吾不恨矣。"外祖父对我的教导和期望远远超过了亲缘之情，"观乎人文，以化成天下"，大概说的就是外祖父这样的行为。

外祖父在文字领域大放异彩，他疏通古代文字、整理《说文解字》的功绩，就像把黄河的水流从积石山疏导出来，让其奔归东边的大海。他老人家把每个字的来龙去脉都搞清楚，一言而为世法，一个字说出来，大家的争论也就平息下来了。（其五八）

我二十八岁那年跟随武进刘逢禄（字申受）先生学习《公羊春秋》（《公羊传》）。在刘先生去世十年后，我写成了《春秋决事比》六卷。在我看来，这是厚重而有益于时事的文字，我以此纪念恩师的在天之灵。

《公羊春秋》的问答在青春的心眼里，既小儿科又煞有其事的重大。

"十有四年。春，西狩获麟。何以书？记异也。何异尔？非中国之兽也。然则孰狩之？薪采者也。薪采者则微者也，曷为以狩言之？大之也。曷为大之？为获麟大之也。曷为为获麟大之？麟者仁兽也。有王者则至，无王者则不至。"

鲁哀公十四年（前481），春季，鲁国有人在西部打猎，猎获一只麒麟。为什么记载这件事？因为要记载怪异的事情。有什么怪异呢？因为麒麟不是中原地区的野兽。那么这只麒麟是谁猎获的呢？是一个打柴的人。打柴的人地位很低，只有天子、诸侯打猎才用"狩"这个词，这里为什么也用"狩"这个词呢？为了尊重他。为什么尊重他呢？因为他猎获了麒麟。为什么他猎获了麒麟就尊重他呢？因为麒麟是仁善的动物，当天下有圣明的君王出现时，它就到来，如果天下没有圣明的君王它就躲得远远的。

这是《公羊春秋》著名的结尾。

"有以告者曰：'有麕而角者。'孔子曰：'孰为来哉！孰为来哉！'反袂拭面，涕沾袍。颜渊死，子曰：'噫！天丧予。'子路死，子曰：'噫！天祝予。'西狩获麟，孔子曰：'吾道穷矣！'"

有人把猎获麒麟的事告诉孔子，说："猎获了一只像獐但有角的动物。"孔子说："它为谁而来呢！它为谁而来呢！"边说边翻起袖子来擦脸，涕泪滴下来沾湿了他衣服的前襟。孔子的弟子颜渊死时，孔子叹道："唉！天要亡我了。"他的弟子子路死时，孔子又叹道："唉！这次上天要断绝我了。"当听说在鲁国西部猎获麒麟时，孔子说："我的道已经穷尽了！"

"《春秋》何以始乎隐？祖之所逮闻也，所见异辞，所闻异辞，所传闻异辞。何以终乎哀十四年？曰：'备矣！'"

《春秋》这部书为什么从鲁隐公开始呢？因为鲁隐公的历史是孔子的高祖所能听到的最早的历史。在孔子和他父亲的时代对史实的说法已不相同，在孔子所听到的文、宣、成、襄时代对史实的说法也不相同，在孔子所听到传说的隐、桓、庄、闵、僖时代对史实的说法更不相同，如果在更久远的年代，对史实就无法正确记载了。《春秋》为什么在鲁哀公十四年结束呢？回答说："记述已经很完备了。"

"君子曷为为《春秋》？拨乱世，反诸正，莫近诸《春秋》。则未知其为是与？其诸君子乐道尧舜之道与？末不亦乐乎尧舜之知君子也？制《春秋》之义以俟后圣，以君子之为，亦有乐乎此也。"

孔子为什么要编写《春秋》这部书呢？为了达到治理乱世，使社会秩序归于正道的目的。现在还没有任何一部书具有《春秋》这种拨乱反正的巨大作用。然而不知道孔子作《春秋》是为了治理乱世，使社会秩序归于正道，还是乐于作《春秋》来称述尧舜的道呢？孔子之道就是尧舜之道的继续和发展，孔子不是也很仰慕尧舜之道吗？尧舜在世的时代，他们就预知将来孔子要作《春秋》了。孔子制订《春秋》赏善罚恶的原则，是为了等待后世圣明的君主来效法。孔子之所以要作《春秋》，也是乐于让《春秋》的原则贯彻到后代百王之中，永远流传下去。

年轻时候读《公羊传》，真是觉得圣王、君子之道是有微言大义的。一个人完全可以在政统外建设道统，在对政统无能为力的时候，成全道统以校正时世。

在鲁国得麟的前一年，彗星在东方出现。麒麟出现之后，上天在鲁国国都的端门降下血书，"趋作法，孔圣没。周姬亡，彗东出。秦政起，胡破术。书记散，孔不绝"。据说第二天子夏去看血书，血书就化为赤乌，化为白书……孔子因此明白上天托命于他，他为此仰推天命，俯察时变，却观未来，豫解无穷，知汉当继大乱之后，故作拨乱之法以授之。

我对《公羊传》描述的孔子还是深有同情的，虽然汉代的儒生编造说，孔子早就知道有一个汉王朝出现，所以预先给汉朝提供思想资源，但我觉得孔子教训、教化政统的行为仍是值得大书特书的。三代大成于孔子，孔子为汉代制订规矩，传承代代不绝。《公羊传》通过对经典的研读以求实用，这一用心也值得同情啊。

据《尔雅》所说，玄孙之子称为来孙，来孙之子称为晜孙，晜孙之子称为仍孙或礽孙，仍孙之子称为云孙。如果借用《公羊传》的说辞，我们可以说，孔子在鲁国的端门受命，一直传到遥远的孙辈。虽然《汉书》认为，"昔仲尼没而微言绝，七十子丧而大义乖"，但我觉得汉儒们仍在延续孔子的微言大义，他们以通经致用为做学问、安身立命的准则。我从刘先生那里敬承的，也是这种通经致用的传统。

刘先生对我有知遇之恩。道光六年，他任会试考官的时候，看到我的考卷，又看到隔壁湖南考生魏源的卷子，竭力推荐，没想到我和魏源双双落榜。刘先生遗憾之下，写了《题浙江、湖南遗卷》一诗，把我和魏源并称，世人称"龚魏"就是从刘先生开始的。在刘先生去世前一年，他还为我的《大誓答问》写序，对我奖掖有加。

《礼记》说，到师友墓前，看到宿草（隔年的小草）长出来是不用哭泣的。刘先生已经仙逝,其学术的承祧之重我愿意也敢于承担。我要让人们知道,《公羊》绝学未曾中断,它已由毗陵(江苏武进)的刘先生继往开来了。(其五九)

我这个人没有考试运,光考进士试,就接连失败了五次,第六次才考上。为了应试,我年少时把十分之九的精力都花在写作八股文上面,时文幼稚学舌,却是我的心血。我就像书虫蟫鱼,全是血泪,即使死了也不干枯。我一度想把这些文字保留下来。

我最初拜见浙江归安的姚学塽先生的时候,就带着自己积年所写的时文。姚先生对我奖掖有加,看得出他对我的爱惜;但他忽然郑重其事地说:"我听说时文都是讲究着墨不着笔,你的文字是笔墨兼用。"

姚先生的一句话点醒了我,着墨不着笔的老辣圆熟,是要将思想之火花消解于格式之中;所谓"笔墨兼用",是锋芒毕露而不讲策略,为人不容。写这些八股文章,别说写不过当代的明星写手,就是在历史上我也占不到一席之地的。听了姚学塽先生这一句话后,我毅然用一把火把积下来的两千篇时文烧得干干净净。(其六〇)

轩辕黄帝时代的《风后孤虚》一书,虽然失传很久,难以追寻,但《汉书》的百官公卿表中有"戊己"二字,含义极为深刻。南朝宋的裴骃先生曾有《史记集解》一书,说明孤虚的意思。我从这些古书中又看到裴先生的失误,为此写了《孤虚表》一卷、《古今用兵孤虚图说》一卷。我写书并不只是为纠正先贤的错误,而是其中有我一颗风雷老将的雄心。_(其六一)

"昔者仓颉作书而天雨粟,鬼夜哭。"古人创制出文字的时候,鬼在夜里出没都为之哭泣。我们这些后人一旦开智启蒙,能识文断字了,各种忧患似乎也都招惹上身了。

我既不怕鬼,也不怕忧患侵扰。研读许慎的《说文解字》时,一度遗憾许先生见到的古字不够,没有机会看见商周时期的彝器金文。后来地下文物出土多了,我们后人有幸见到了许先生不曾见过的古字,我也喜欢那些文字的笔画造型和意思,为此把《说文解字》中没有收录的文字补录了一百四十七个。

我还记得,在夜里补录解说那些文字,秋灯似乎都感受到了鬼神的气息,一度变得碧绿碧绿的。_(其六二)

汉代的经师传授经学,注重所谓"家法"。像解说《诗经》,就有什么齐家、鲁家、韩家等今文经学的门派,还有后来的古文经学的毛家门派;以至于说《诗经》有所谓诗人的用心,有什么四始,毛家认为风、雅、颂是王道兴衰之始,齐家认为《大明》一首在亥为水始,《四牡》一篇在寅为木始,《嘉鱼》在巳为火始,《鸿雁》在申为金始。还有韩家之说,鲁家之说,等等。这些解释,老师和弟子们世代相传,不改动,也不引用别派的说法。这种对家法的重视,到了师之所传,弟子所受,一字都不敢有出入的地步。

在我看来,对《诗经》内容的解释,是不必也不能守家法的,因为诗无达诂,本来就没有唯一正确的解释。说什么《诗经》有写诗者当时的用心,我心即是四始之心,我们涵泳于诗文之中,完全可以猜测当时诗人的梦想。^(其六三)

还是十四岁的时候,我就开始研究古今官僚制度。最近几年我写成了《汉官损益》上下两篇,《百王易从论》一篇,算是完成了少年时期的心愿。

每一朝代的统治者和官僚机构都有扩权的冲动,都有一些人员扩编的名目和制度。像本朝就有皇族和功臣的世袭爵位,有人称为接班人制,接父亲的班,接先辈的班。三六九等,分得很细。比如从公侯到都尉共有七品,他们又分三等,一等公可以接班二十六次,二等公可以接班二十五次,等等。一直到阵亡人员即烈士的后人,他们的世袭特权是接班后还可以得到七品京官的待遇。

本朝的仕版,就是登记官员的档案,由于世袭接班制、引荐制等导致扩大得很快,比古人说的拔一根茅草就带出一大串的"茹征"膨胀得还要厉害。我粗略估算，它的扩大速度要五倍于金元两朝，十倍于明朝吧。把千年往事磨洗揭示出来，是我们读书人的责任本事。我完成的文字，算是应劭的《汉官仪》一书后又一本谈官制的书了。_{（其六四）}

我的诗自十五岁时即开始编集，那是嘉庆十一年（1806），到去年道光十八年（1838），已经编成二十七卷了。

春秋时代的魏文侯跟孔子的弟子子夏说："我这个人穿着正装冕服听古典音乐，唯恐自己不够庄重认真。"我写诗也好像文侯端冕听歌一样，也因此，我年少时写的诗，精密严谨，不可磨灭。

近年来，我的诗渐渐变得凡庸了，我这个人可想而知也未能免俗啊。厕身天地之间，看着自己的变化，我不能不感叹自己蹉跎了光阴。_{（其六五）}

丁酉年，即道光十七年（1837），我任礼部主客司主事兼祠祭司行走，这两个职务恰好就是属于古代的典客和奉常，负责的就是礼宾司接待、引导一类的工作。我研究官僚制度，为此写过《典客道古录》《奉常道古录》两卷文字。

像别火令这种西汉时代的官吏，地位并不高。有关古代这一类官职的遗闻故事，散见在书中，琐碎得很，搜集起来很辛苦。别火令就在典客（汉代的大鸿胪）下面，主要负责改火之事。上古有钻木取火的传说，有因季节变化而变换取火树种的仪式。汉代恢复了改火之俗，一年四季的取火材料因时而变，据说这样才能预防流行病。用古人的说法，"四时变火，以救时疾，明火不数变，时疾必兴"。

研究这些玩意，跟粗浅懂得古镜背面刻的文字一样，不是什么了不起的学问。人们谈论一面古镜，哪里敢像说朝廷举行大典时陈列摆放的礼器那样自豪？又哪里敢像解释古代天球、赤刀等宝物那样有优越感呢？（其六六）

我十六岁时读《四库提要》，那是我平生治目录学的开始。我有一间高达十仞左右的书房，里面的藏书丰富，书堆成城，迂回深广。为了虚荣，为了证明我的藏书丰富，我编写藏书目录，知道自己拥有哪些奇书异本，还缺哪些书，因此我花了不少钱去买珍本善本书籍。

收藏《四库全书》的全国七大馆阁，京城皇宫的文渊阁、沈阳故宫的文溯阁、京城圆明园的文源阁、承德的文津阁、扬州的文汇阁、镇江的文宗阁、杭州的文澜阁，虽然号称藏书最富，但我也搜罗了不少七阁未收的图书。

据说春秋时代，吴王游包山，见到一个自称包山隐居的人，给了他一本完全看不懂的书，后来他问孔子，才知道这个人叫龙威丈人，曾跑进禹穴偷古书。当然，还有一种说法，吴王曾派龙威丈人寻找山洞，结果在某个山洞里拿到了三卷书，吴王不认得，请教孔子。孔子说，这是夏禹时代的书。一般人因此称龙威禹穴是藏书丰富之处。

壬午岁，即道光二年（1822）九月二十八日，我因不小心，导致藏书楼发生火灾，我搜罗的奇书十之八九都烧得干干净净。我知道是火神吴回生气了，他的一次怒火让我明白了天意，我想成为藏书家的心思就此断绝了。_(其六七)

独石口在赤城县北一百里，宣化北三百里左右的地方，是明长城宣府镇上的一座重要关口，有"上谷之咽喉，京师之右臂"之称，因关口处有拔地而起的孤石而得名。康熙大帝于康熙三十五年（1696）二月统六军亲征噶尔丹，出塞、班师都从那里走过。"宣镇三面皆边，汛守特重，而独石尤为全镇咽喉。其地挺出山后，孤悬绝塞，京师之肩背在宣镇，宣镇之肩背在独石。"据说北方民族只要攻破这里，就能一马平川地占领燕赵大地。

至于东边的一个要塞，永平的卢龙塞，也是兵家必争之地。东汉末曹操与辽西乌桓作战，十六国时前燕慕容儁进兵中原，都经由此塞。遗憾的是，我北游、东游，这些地方都未到过。

我写过游记文字，人们称我是"生小会骑飞马"的"燕邯轻侠子"，但我没能到长城外游历，未看到天朝北边、东边的形势。所以我的游记只是游戏并非著作，我那小步蹀躞

的马蹄声也说明我只是一个孱弱的书生而已。（其六八）

班固（字孟坚）写的《汉书》是史学名著，文字优美，杜牧诗说："高摘屈宋艳，浓薰班马香。"宋代的刘敞学问渊博，著有《公是集》，世称公是先生。公是先生精于《汉书》，现在的《汉书》中还有公是先生的注文。

我祖父匏伯公平生喜读《汉书》，他老人家用红笔、黄笔在书上批校。我见过那些批注，它们就像千万颗浑圆的小珠子。我家里不仅有祖父批校的本子，还有六七套《汉书》，也有手抄本。我自己虽不才，想撰写《汉书补注》没能如愿，但我读《汉书》得到的随笔段子也有四百则了。我曾私下把自己当作刘公是那样的人，愿意再用十年工夫去研读《汉书》。（其六九）

癸巳岁，道光十三年（1833），在同县朱以升先生的帮助下，我写成了《西汉君臣称春秋之义考》一卷。

孔子的《春秋》被称为麟经，王安石说它是"断烂朝报"，是残缺不全的官府公报。我个人觉得这部经典的"断烂"或说断章取义是从汉代开始的。西汉时期，人们一度重刑名，法律就是准绳，不太重视儒家经学。元帝、成帝以后，刑名之学渐渐废掉了，除了儒学，上面没有别的思想，下面也没有别的学术，从皇帝的诏书，到大臣的策论奏折，都是引经据典，把儒学当作依据。国家有重大的疑难问题，乃至天灾人祸，都从《春秋》一书中寻找依据，所谓微言大义也对，断章取义也对。

汉代的兰台收藏了这些宝贵的档案，那多半是外人不易见到的秘文啊。《汉书》的伟大作者班固就曾经担任过兰台令史，他在《西都赋》里写："启发篇章，校理秘文。"在我看来，班固的贡献不止一端，他在自己的著作里立此存照，记录了汉代君臣如何以《春秋》来齐家、治国、平天下。

虽然一般人以为研究《春秋》的何休更专业，当时人称郑玄为"经神"，何休为"学海"，就说明何休的学问很大，但我觉得班固胜过何休。能够同意这一观点的，眼下的同志中只有朱以升一人而已，以升先生就像他的先辈本家朱云一样精熟经义。汉元帝曾经让朱云跟五鹿充宗辩论经典，结果朱云获胜。（其七〇）

我十七岁时，见到了《石鼓文》，那是我收录石刻文字的开始。我后来撰写《吉金通考》五十四卷，但书未写成，留下了《羽琌山金石墨本记》五卷。

我搜剔那些高山大川的金石文字，记录起来收藏在那个用玉匣金锁装饰的箱子里。柳宗元说得好："决疏沮洳，搜剔山麓，万石如林，积坳为池。"

据说有珍奇的山川会有奇怪的现象。史书上说汉末孙坚出生前，孙氏祖坟就有光怪，"冢上数有光怪，云气五色，上属于天，曼延数里"。《山海经》里也说过："南望昆仑，其光熊熊。"那么，我把金石文字都放到我羽琌山馆里之后，九州山川就不再显示光怪陆离的现象了吧，只有我那羽琌山馆在夜里会发出熊熊的光芒。（其七一）

我平生收藏文物很多，有三秘、十华、九十供奉的说法。遗憾的是多有散失，在《羽琌之山典宝记》二卷里，记录下来的也就百分之一二吧。年轻时，我把收录的文物记录在册，那种风发意气足以傲视千古。

打我眼里过的好东西太多了，如同过眼云烟，我也收集不了那么多。前辈朱彝尊说他看宋代的文物，"光采焕发，令人动魄惊心，过眼云烟，至今搅我心也"。我在同年张荐粱收藏的《华山碑》碑帖的后跋中自负地说过："海内纸墨云烟事，予上下三十余年，幸皆在见闻中。"

据说周代有九鼎，象征天命。王朝衰微，有些霸强之君就来打听九鼎的情况。秦国灭周，把九鼎搬走，但此后不知所终。有说九鼎沉入泗水，有说一鼎飞入泗水，还有说九鼎已经被熔化用作别的东西了。不管九金或说九鼎的结局如何，即使它们都沉没到泗水急流中了，也已经永远成了周王朝的象征。以九鼎作比，我收藏的那些文物已经记录在册，

就是散失干净也没什么关系了。(其七二)

我写过研读古镜文字花样的书,《镜苑》一卷;写过研读瓦当文字的书,《瓦韵》一卷;我还写过研读汉代官印文字的书,辑录汉官印九十方,成《汉官拾遗》一卷;还写过研读古钱币形制的书,《泉文记》一卷。

在我的经验中,人要改变世界的抱负就像胸中蕴藏着一股奇特的气息,如果放任它,那就很难收回关上。我年少时领略过一种高尚的情操,我至今不能忘掉,这是我的烦恼。那么怎么办呢?俗话说,玩物丧志。我涉猎那么多琐碎的事情,就是借以消磨胸中的不平之气。我的"铭座诗"就是这么说的:"精微惚恍,少所乐兮。躬行且践,壮所学兮。日以事天,敢不诺兮?事无其耦,生靡乐兮。人无其朋,孤往何索兮?借琐耗奇,嗜好托兮。浮湛不返,徇流俗兮。吁!琐以耗奇兮,不如躬行以耗奇之约兮。回念故我,在寥廓兮。我诗座右,荣我独兮。"

在流连文人小情调的生活中,胸中的奇气固然消耗了不少,可是精力又给琐碎的东西纠缠不休了。那些古镜、秦砖汉瓦,那些古印、古钱和关于它们的知识,渐渐堆积在一起,愈积愈多,仿佛变成五岳那样的大山了。(其七三)

我也写过《布衣传》一卷,自康熙朝算起,到嘉庆朝,总共写了三十九人。人们把进士考试叫作甲科,把举人考试叫作乙科。在我的规则里,凡是考中举人的、登了乙科的就不收入,做官做到七品的也不收入。在我的眼里,这些布衣平民,或主动或被动地在民间过着普通的生活,但仍有值得记录书写的意义。

那本《布衣传》写完的时候,我拿酒祭奠了所写的三十九位布衣,告慰他们的在天之灵,当时秋灯忽然大放光芒,仿佛他们在扬眉吐气一样。(其七四)

我十九岁时,开始依声律学着填写词曲,到壬午岁,即道光二年(1822),共编订六卷。现在看着自己的作品,还是有些遗憾居然把这些东西保存了下来。因为我写的词,既不古雅,也不幽远空灵。从气韵和格局来看,都够不上专业作者的门庭。

更让人后悔的,我的一些作品还通过流行歌手之口流传开来。

历史上有"旗亭画壁"的故事。唐玄宗开元年间,王昌龄、高适、王之涣三位诗人名声都很大。有一次,他们三人一起到旗亭买酒小饮。所谓"旗亭"即酒楼。酒家在道旁筑亭,门前挑着一面旗子,上面画着酒坛或写个大大的"酒"字,故称为"旗亭"。旗亭有几个歌女唱歌,王昌龄就对高适和王之涣说:"我们三人都以诗知名,每每分不出高下。

现在我们在此听唱，谁的诗入乐被歌最多，谁就为优。"三人都说好。不一会儿，一位歌妓唱道："寒雨连江夜入吴，平明送客楚山孤。洛阳亲友如相问，一片冰心在玉壶。"这是王昌龄的《芙蓉楼送辛渐》。于是，王昌龄用手在壁上一画，说道："这是我的一绝！"接着的一位歌妓唱道："开箧泪沾臆，见君前日书。夜台何寂寞，犹是子云居。"这是高适的《哭单父梁九少府》。于是，高适也用手在壁上一画，说道："这是我的一绝！"第三位唱的是"奉帚平明金殿开，且将团扇共徘徊。玉颜不及寒鸦色，犹带昭阳日影来"，这是王昌龄的《长信秋词》。于是，王昌龄又得意地在壁上一画。王之涣并不着急，他自负久有诗名，对高适、王昌龄说："这几个都是潦倒失意的乐官罢了。"他指着其中一位长得最漂亮的歌女说："待此子所唱，如非我诗，吾即终身不敢与诸子争衡矣。"三人大笑，在里间等候着。等到这位歌妓歌唱时，开口便是："黄河远上白云间……"

这样风雅的情景让人向往，我却没有唐人的底气。据说有人用扇子遮阳走路，有人看了说，做如此举止，羞面见人，扇子遮住又有什么用？我经过酒楼旗亭的时候，一听到歌手唱起熟悉的旋律，也还是不由自主地拿着扇子遮起脸才敢走过去。（其七五）

当然，我不是没有满意的心血之作。庚辰岁，嘉庆二十五年（1820），我才二十九岁的时候，就写了《西域置行省议》《东南罢番舶议》两篇。有人觉得这两篇文字很重要，还想一起刊印发行。当然，对于把新疆建为行省，由中央政府直接管理，对于东南沿海摆脱对洋船的进口依赖，这些大变动的设计，肯定有人反对。

这西北、东南的大势所趋，有多少人能感觉到呢？东南为地户，西北为天门。东南、西北与我家国天下的国运息息相关。自战国时代开始，到太史公司马迁都意识到，东南象征生气，西北象征收获，事物都起于东南，而收功于西北。我当年写诗："气寒西北何人剑，声满东南几处箫。"我原以为对东南、西北的关注是显而易见的事，但似乎没多少人理解我的构想。

写文章本来就应该要有波澜浩荡。佛家说得好："欲使鱼龙知性命，何妨平地起波澜。"像鄱阳的大学者马端临先生写的《文献通考》，像在夹漈山读书的郑樵先生写的《通志》，都是学问著作。我的文字跟他们的不同，我是要呼应社会的变革发展的。

虽然我的有关时代的大文章没多少人应和，但我相信，五十年内，我的话一定会得到应验。虽然在天地四方的苍茫六合之内，我不过是一个书生气重的小官，我无权无势施行我的主张，但大势所趋，将来还是要实现我的预言的。（其七六）

壬辰岁，道光十二年（1832），大旱，春夏不雨，草木皆枯，皇帝十分焦虑，四、五月间先后亲自前往天坛、地坛、太岁坛、社稷坛和方泽坛祈雨，事后均未见降雨。皇帝在忧虑中读了其父嘉庆帝记述泰山祈雨灵验的《岱宗感应记》，遂于六月派遣定亲王奕绍前往泰山祈雨，并且亲制了祝文，期望"明神降鉴，速赐恩膏，转歉为丰，以苏民困"。同时中夜下诏求言，屡行赦宥。

皇帝下诏征求对朝政兴革的意见，大学士富俊先生在此一事件中的作为让人钦佩。面对旱情，他引咎申请辞职，皇帝不许。富俊先生广泛征求意见，寻找对策。他的沉稳厚重、虚怀若谷可以说是再现了古时贤良大臣的风范，他老人家曾五次坐车亲自来我家登门拜访。

唉，对富公老人家的器重我至今心存感念。还记得吗？我当时写了"当前的形势和我们的方针"，涉及当世急务共有八条，您读到"汰冗滥"一条，精兵简政，裁撤冗员，把滥竽充数的机构和人员淘汰掉，您老人家大为动色，却又犯难，说太难实现了。我对您的直率非常欣赏钦佩。当时，我把向您陈述意见的底稿烧掉，您也把向皇帝进言的奏疏底稿烧掉。

那一往事在我的文集中没有一丝踪迹。如今我写诗，既是作为我和富俊先生交情的纪念，也是为了向世人宣传富俊先生的人格精神。（其七七）

丁酉岁，道光十七年（1837），就是前年，九月二十三夜，我的失眠之夜，听见煮茶的水开声，我披衣起床，看到门上有菊花的影子，忽然进入了《法华经》所说的三摩地境界。唉，那个境界难以言喻，似乎一个世界突然为我打开。

我对佛教界的狂禅不以为然，多次批评他们的言行，他们在破坏正法，把他们的流毒除干净了，正法眼藏就为我们所能把握。我礼奉天台宗，天台宗推崇的《法华经》很了不起。在那样一个不寐之夜，《法华经》的经义突然变得清清楚楚，就像人可以在琉璃屏风上甩动胳膊来回一样，不可思议又真实不虚。

如果不是那一夜茶水煮开了，如果不是菊花的影子照在门上，让我获得这种三昧的境界，那么，鸠摩罗什大师岂不是白译《法华经》了？^{（其七八）}

说到整理故物，这也是名利场和是非之地。吴荣光贵为布政使，也喜好收集研究金石文字。他曾经邀请吴式芬和我为其编著的《筠清馆金石文字》一书进行校注。这个领域不仅见仁见智，而且门派泾渭分明，经常相互攻击。我为之投入了大量的精力，结果，吴荣光却给我来了一封绝交书，这绝交书现在藏在何子贞（何绍基）先生家里。

唉，我曾经翻阅过千卷有关古代文字的书籍、拓本，感受作者们各执一词、各执其所是的片面，我深信做个识文断字、知书识礼的男儿也是不容易的事。

汉高祖的孙子刘安，封淮南王，喜好文艺，曾召集当时的文人学士为他撰写了二十余篇文章。文章结集后称为《淮南鸿烈》或《淮南子》，由刘安献给皇帝，邀名邀利。我想到跟吴荣光的这一段缘分，也极为后悔做了这些达官贵人的宾客，为他们付出了我的心血。（其七九）

说到人际交往，我最近还写了《平生师友小记》一百六十一则。在独自一人的夜晚，我想起平生交往的师友，常常泪水滂沱。《华严经》说："了知一切法皆如幻起，知诸世间如梦所见，一切色相犹如光影。"我这些师友的音容笑貌、品格言行，有如光影，历历在目。当然人的记忆难以抵挡时间，所以亟须收集记录下来。

师友们的言论行为，对世道人心有启示作用，我就详细地记下来；至于他们的官职、出身，我就一笔带过。我平生受到师友们的许多恩惠，现在只是为他们写了一点小段子。这样报答他们，心里十分不安。（其八〇）

佛经进入我震旦华夏以来，为其校勘者少，我为此写了《龙藏考证》七卷；又以《妙法莲华经》为北凉时期宫中所乱，乃重定目次，分本迹二部，删七品，存廿一品，丁酉春勒成。

尽管我们经受各种劫难，仍在漫长的时间里获得自觉，这一自觉最重要的是，如何报答自觉施与我们身心的恩惠。你也可以把报答自觉的恩惠当作报答佛的恩惠。

对我来说，书生在世，当献文字。尽管文字也不过是微尘一样，但我那无量数的文字就是报恩的入门手段。

在我整理佛经的时候，我想到如来佛在灵山的法会上为诸天讲《法华经》的情景，这让我诚心正意而虔敬。据说诸天有天、龙、夜叉等八部。我在写下自己的尘尘文字的时候，心里恍然明白，在那遥远的灵山法会上，天龙八部都会向我这些文字敬礼赞叹。（其八一）

我最近还写了《三普销文记》七卷，又撰成《龙树三桠记》。

龙树菩萨很了不起，他的灵性慧命传承下来，共有三个派别。龙树的《大智度论》是天台宗尊奉的经典，其中的《中论》及龙树的另一著作《十二门论》是法性宗（又称三论宗）的经典。其实，不仅天台宗、法性宗，就是禅宗，也从龙树的灵根那儿生长出来，都强调明心见性，提倡自心修炼，观辨于心，守心明心。

当然，这三宗三派都只得其部分教义，守着龙树菩萨的只言片语就可以开宗立派，只是他们都未能领略或实证龙树的全部。这就像椰栗树枝一样，做手杖、禅杖有余，却不能负担生存的重量,也不能负担全部的方向。

我写的书取名为《龙树三桠记》,就是要表明禅宗六祖和天台宗的祖师等人其实都是从龙树这尊佛菩萨那里获得自觉的,他们也理应可以同在一个佛龛里接受供奉。^(其八二)

[传记]

卷四 猖狂江淮

近二十天的行程过去。五月十二日，我到达了淮浦。

淮浦又叫清江浦，隶属淮安府，是京杭大运河的交通枢纽、漕粮储地。北方人士乘车马抵淮安，休整一番之后，可以乘船优游南下；南方人士当然也坐船到此后，换马北上。由于河务、漕运的繁荣，淮浦被称为"南船北马""九省通衢""天下粮仓"，漕舟云集，万艘漕船使得这里出现"帆樯衔尾，绵延数里"的景象。文人雅士们说这里："夜火连淮市，春风满客帆"，"灯影半临水，筝声多在船"，"帆樯如林，百货山积"，"舟车鳞集，冠盖喧阗，两河市肆，栉比数十里不绝"……

康熙皇帝写诗说："淮水笼烟夜色横，栖鸦不定树头鸣。红灯十里帆樯满，风送前舟奏乐声。"

这里也是灯红酒绿之地。因河工、盐务、漕运等关系，这里的政府机构几乎就是挥金如土、烧钱如纸，更不用说吃喝玩乐讲究到了极致，饮食丰盛，肴馔精洁，"脂膏流于街衢，珍异集于胡越"。

我却看到了另外一面。要让一条船通过运河闸口,就得用一条巨粗的缆绳,得十个以上的壮劳动力才能拉动缆绳和船只。那么,算算一千条船过河,该需要多少人力啊!他们如此辛苦,才能把江南的粮食运到北方去,而我也曾消耗过京城官仓的粮食。现在,夜深人静,听到纤夫拉粮船过河的"邪许"号子声,想到百姓的辛苦,我的泪水如雨水滂沱流下来。(其八三)

在繁华的市井和破败的乡村,我还看到了另一种景象,乡村已经很少看到有斯文气的年轻人了,在渡口、闹市反而经常看到白面书生们问路。偶尔听到他们相互之间以及跟别人的交谈,他们多半是吹嘘自己最近认识了哪个大老板、哪个大官;也听到他们的感叹,这个时代不靠官家不傍大款活不下去啊;还有人得意,士子与商家、官家,本来就是多位一体。

古人说:"何不策高足,先据要路津。"如今的白面书生们或主动或被动地寻找生活的出路,他们羡慕那些达官贵人的宾客幕僚,恨不能自己也去做大官们的私人助手、做帮忙帮闲,什么钱粮师爷、刑名师爷等等。

过去常说,渔樵耕读,自给自足。古人还说:"丈夫拥书万卷,何假南面百城。"我多次在黄叶萧萧的空村附近徘徊,猜想一村优秀的人才都到外面找出路了,那么这村里还

有闭门读书的人吗？^(其八四)

我看到的不堪景象何止一处两处。

东南各省跟外国进行贸易的港口，都有禁止鸦片进口买卖的明令条文。鸦片又称阿芙蓉，由罂粟果壳制成，罂粟花又叫丽春。鸦片毒品像春药一样，屡禁不止。不知道是谁把鸦片运到深暗的地方跟人见面交易？

在我们可见的世界之外，还有暗域一样的隐性世界存在，那里面的勾当实在是我们常人难以理解、难以接近的。但只要想想那个黑暗的世界，我们就知道，它会吞噬试图接近它的一切。如果正常的、光明的世界被遮蔽了，人们就只会被这些无明领走。我看到无明带走了很多人。

以前不懂为什么幕僚被称为莲幕客，现在我看到有人在碧纱幮里吞云吐雾，吸食阿芙蓉，总算知道其中的道理了。^(其八五)

说到吸食毒品，我要多说一下。

那些吸食鸦片毒品的人，他们的生活昼夜颠倒，白天没有精神，晚上特别兴奋。他们提着灯笼出入烟馆，他们吞云吐雾的烟火忽明忽灭，就像一队队鬼灯，就像散落在街巷中的秋萤。一旦他们烟瘾发作，眼泪鼻涕直流，就像落魄参军一样可怜亦复可恨。

说到人性的落魄下陷，我们当然有了解的同情。探索世界的极致，跟寻求刺激、追求本能的存在感是不一样的。人在无望的情形下多半借助于本能的存在以显明存在，在尸居余气的时候，自己感受到的刺激真的难为外人道。只是这点微末的快感离我们的性命大道太远，这样的人生浪费了难得的人身。这些大化里的幸运儿，没能惜福，糟蹋了自己，他们在太虚的轮转里仍将经受生死的煎熬。虽然，向上的飞扬的人同样在经受生死的锻炼，但终究能够飞升，或走在觉者的路上。

我有时候想，既然南方的不少地方也在私种罂粟、走私鸦片，吸毒者、瘾君子们怎么不到那些"花县"里专城而居呢？那样的话，他们完全可以躺在床上吸鸦片烟，即使大家都过禁火禁烟的寒食节，这些瘾君子在寒食节里也可以照样吸食不误，他们迷迷糊糊的也不用醒来了。（其八六）

汉代有横海将军的官名，是负责东南沿海事务的。我的老朋友林则徐先生向皇帝陈述禁止鸦片的利害，奉旨以钦差大臣身份到广东查办鸦片，他可算是横海将军了。林先生本人有古大臣的风范。《后汉书》中说吴汉这个人，"每从征伐，帝未安，恒侧足而立"。我能想象林则徐一刻也不得闲、总是侧足而立、忙于事务的样子，他说过："苟利国家生死以，岂因祸福避趋之。"现在他在南国辛苦做事，还没有大功告成。

我能理解林则徐"如履如临"的心情，我很想帮老朋友。有关黄帝从《阴符经》受益的传说是，玄女教黄帝三宫秘略、五音权谋、阴阳之术，传《阴符经》三百言。黄帝为此研读了一百天，终于将蚩尤打败。古人的军事机密文书都用蜡丸封裹，跟锦囊妙计一样。在知道林则徐禁烟艰难的时候，我给他写过建议，一如《阴符经》三百字那样的奇计，但没办法给他寄去，可惜了我的文章。

去年林则徐奉旨离京，我在送行时就写过《送钦差大臣侯官林公序》。我建议林则徐要制止白银外流、平定银价，严惩鸦片的贩卖者和制造者；希望他坚定信心，不要为各种势力的游说者所动摇；期望他通过一省之治而使中国"银价平、物力实、人心定"；等等。林后来托其本家林扬祖先生见面回复我说："责难陈义之高，非谋识宏远者不能言，而非关注深切者不肯言也。"他还自承心态是"如履如临"。

就是在那一次，我托扬祖先生转送给林则徐一方砚台。砚石为一紫端，有朱砂斑，石质细腻，刻工朴素无华，仅一端镌为水池；背刻摹有王羲之的《快雪时晴帖》。我希望以此表达友情和我的美好祝愿。（其八七）

跟林公那样的大臣不一样，有的官员惯于作威作福。听说一个官员出了京城后，一路上抖威风、讲排场，地方官吏只好尽量送礼讨好他。此人到了黄河边，有人慰劳；到了长江边，有人慰劳。他把得到接待的规格高低、收到礼物的轻重等一一记在心里，谁不买他的账，谁待他好，就成了他向上报告的依据。

这些官场上的恩怨或利益交换，过一段时间就会显现出来，那时看看官方的任免公报就清楚了。难怪御史台最近下班会那么早，原来有几位大员都骑马离开京城，到各地调研去了。（其八八）

想到官场、学界的怪现象，尤其是师生关系，让人想到后羿的故事。逢蒙向羿学习，居然把羿的作风都学到家了。据说逢蒙学成后，"尽羿之道"，认为天下人中只有老师比自己厉害，就谋杀了羿。千载以下，我们有什么可以非议逢蒙的呢？

最可惜的是，我们不知道真实的羿之道的消息，只知道他的学生逢蒙先拉弓把他射死了。忘恩负义是能力、绝学和大道的敌人，遗憾的是，这种现象自古至今，层出不穷。（其八九）

印度人计算道里的单位有由旬一说，大小由旬相当于我们华夏人的八十里路、四十里路。以我的经验看来，像上百由旬的烟水悠长的道路，即使释迦牟尼，也会因为走那些津梁关口而感到疲倦。我们的佛教徒会尊称释迦牟尼为释迦老子，《五灯会元》中说，释迦老子是干屎橛。关于现实人生的津梁，佛经中说过："如船师，示导法海津济处故；如桥梁，令其得度生死海故。"《世说新语》里记载，庾公尝入佛图，见卧佛，曰："此子疲于津梁。"于时以为名言。（庾亮有一次走进一座寺庙，看到卧佛说："这座佛忙于普度众生，累得都睡着了。"这在当时成为名言。）

唐宋以来不同人信佛，佛法已经成为我们的经典。我也有向佛之心，希望也因此受持读诵佛经而能悟道。我这个学佛的人，闭眼之间，就经历了无数劫难。就像我一路南行，平生的种种悲欢离合，全都浮现在眼前。有人写诗说："曾经天上三千劫，又在人间五百年。"

我一度羡慕释迦牟尼普度众生的大愿，他能够出入人天，革新变法。我也曾以为自己能够追随佛陀，现在不堪回首，自己的福报不够，我也不知天高地厚。（其九〇）

在我看来，言语不通也是令人苦恼的事，所以我很早就学会了多种言语。南船北马，赶马车的车夫多为北方人，这些马车夫听到我的声音，多半猜说我是燕赵北方之人；而舟子船夫多是南方人，这些撑船的听我的声音，会说我是东吴江南人。虽然我南北通吃，但还会遇到言语夹缠不清的人，那时就需要有人翻译一下了。我曾经写过《今方言》两卷，把东三省、十八行省、琉球、高丽、蒙古等方言编成一书。

有人说我的绝学是东南西北之学，是地理之学，还有蒙古语。程大理（程同文）、徐星伯两位在这方面可能比我精深，但未必有我渊博。徐星伯就不像我能通汉、满、蒙、回、藏五族的语言。此外，我还擅长各地方言。我少年时就立志要遍览大清舆地，我后来的足迹也算走了一半的国土，走到哪里我就能说哪里的话，五湖四海的朋友聚会时我还经常帮双方翻译一下。

一般以为，北方方言的特点是有英俊之气，南方话的特点则是柔细的。少年人的口才如果很好，就像烧融的油脂涂过的车轮子那样运转自如，那么即使老了，他仍能灵活，耳朵也仍然聪灵。说到底，话语是重要的。人们的语言、声音不仅随地域、年龄的变化而变化，也随时代的变化而变化。

话语就是道路。道可道，非常道。这个话语道路跟我们一生难解难分。古语说，众口铄金，积毁销骨。古人说，人生实难，大道多歧。但苏轼又说："匹夫而为百世师，一言而为天下法。"

这些都有道理啊。但在世道人心的罗网里，我们又困于言语。我曾经写诗说："一夫怒用目，万夫怒用耳。目怒活犹可，耳怒杀我矣。""贵人一夕下飞语，绝似风伯骄无垠。平生进退两颠簸，诘屈内讼知缘因。侧身天地本孤绝，矧乃气悍心肝淳！欹斜谑浪震四坐，即此难免群公瞋。"这

个销毁辛劳人生的道理，在我的《今方言》两卷书中也能够体会出来。（其九一）

我的同年何俊（字亦民）先生，是安徽望江人。他现在是以知府身份驻守黄河，负责河防。知府在古代就是诸侯了。他的本家、南朝的何逊曾做过水部郎，写诗说："谁能百里地，萦绕千端愁。"

亦民兄是豪爽的，我们知根知底，他也会在我面前矫情一下，说什么如今官难做，多一份权力多一份责任。听说京城流行"小官大做，热官冷做，俗官雅做，闲官忙做"一类的顺口溜，他觉得有些道理，在这个任上该闲一闲、冷一冷了，该向我学习把当年的诗兴捡一捡了。

我跟何兄说过：现在可不容许你这个何水部赋诗说愁，因为你新接了朝廷的任命，牙旗簇拥，已经是地方大员。

杜甫有诗写到何逊说："东阁官梅动诗兴，还如何逊在扬州。"我听到亦民兄的官运消息，替梅花为你深深祈祷，预祝你明年就到扬州去做官。（其九二）

我的同年卢元良（字心农）先生，任甘泉知县。

记得我跟他在金銮殿上同桌，两人的笔墨砚台并排一起，各自笔走龙蛇，唰唰地写文章。可惜他跟我一样没有福分进翰林院。

从那以后，到现在已经十一年了。我的春梦破灭了。唐人卢仝（号玉川子）说过吃茶的感觉："七碗吃不得也，唯觉两腋习习清风生。"这次南游，我要到甘泉县去，去元良先生那里吃上七碗茶。〔其九三〕

我平生不爱理财，交游广阔，花销多，一旦囊中羞涩，只有靠朋友接济。这次多亏了何亦民、卢心农两位朋友大力相助，才不至于日子难过。朋友就是这样，"愿车马衣轻裘，与朋友共，敝之而无憾"。

想想自己的人生，千金散尽，随手交友，资助江湖豪侠、鸡鸣狗盗之徒，以至于像我这样的屠狗英雄也成了狗熊，了无所欢，百般不顺，搞成了灰头土脸、穷途末路。当年有词："曾是东华生小客，回首苍茫无际。屠狗功名，雕龙文卷，岂是平生意？"

侥幸的是，老朋友满世界都有，这次经过江淮繁华地，我也就放肆地向朋友们借贷乞食、蹭吃蹭喝了。〔其九四〕

有意思的是，我在清江浦的行踪为时人注意。有人给他的朋友写信说，龚某人辩才了得，口若悬河，但其实漏洞百出，不必被他的声名吓住了。他最近官场失意，落魄归乡，恐怕不再有网罗文献、搜辑人才的雄心壮志了。他所到之处，总是高朋满座，依然是二十年前承平公子的作风，朋友陪他游玩，不是去风月场所，就是到寺庙见和尚。嘿嘿，他要是不来找我，我也不会见他。

这封书信居然让我看到了。江湖仍有狂者、狷者，这个江淮间的书生如此关注我，倒是让我没有想到。我一笑置之，却又放不下来，说实话，我这次南归的心情是复杂的。一方面，我确有网罗文献的打算，但另一方面也有倦意；我平日里的应酬太多，时间精力浪费不少，也有力不从心之感。

在我心里，网罗文献，收集历史资料，便于后人研究参考。但我承认已失当初发心做事的新鲜。亲近生活，亲近美色，以理解世界空无的本质，这是我的当行本色，是我仍保存的结习。这次朋友们接待我，请来作陪的女子就有印象深刻者，让我仍感叹自己的心性所受的挑战，让我理解古人说的"贤贤易色"。这个江淮间的书生算是我的知己，我用绿笺把他这百字左右的书信抄下来，算是我的座右铭。（其一〇二）

这次南归，我还听了不少戏曲。但宋元明清词曲，什么元代的一百种杂剧也好，汤显祖的"临川四梦"也好，都被戏园的人窜改了。至于昆曲，简单粗鄙得没法子听。因此酒席间遇到有人点歌，我就劝阻。

不知道梨园戏班的剧本是雇请什么人修改的？这也是一代风花艺人们发愁的事。说实话，每当筵席上有人唱戏，我

就感到非常可惜。这些所谓的流行唱曲真是把文人珠玉般的文字和美女们美好的歌喉都糟蹋了。（其一〇三）

隋朝末年，王通隐居在黄河、汾河之间，他教授学生，学生尊称他为文中子。据说门生弟子有上千人，其中不少人成了后来唐朝的开国功臣，如房玄龄、杜如晦、魏徵，等等。承平时代的人未必理解一个人的力量，个人真的不应该妄自菲薄，他有扭转乾坤之能。

据说王通在山西讲学，那个讲学洞刻了四个大字，"裴（垂）长庚在"，意思是黑夜里仍有长庚星的光辉照临山河。据说魏徵问老师："圣人有忧患吗？"王通说："天下都忧，我怎么可能免掉忧患？"魏徵又问疑惑，王通说："天下都疑惑，我怎么可能免掉疑惑？"但魏徵不在的时候，王通又对人说过这样的话："乐天知命吾何忧，穷理尽性吾何疑。"这些事都说明王通的境界，他知道自己在做什么，他也能够因材施教，鼓励魏徵这样的用世者勇猛精进地报效时世。

但有人怀疑房、杜等人不是王通的弟子，司马光、朱熹、洪迈等人也都不相信。房、杜等人的功业众所周知，其声名地位流传千秋万代；但王通不过是地方上的教书先生，不过是一个处士。两类人的差异太大了，无怪乎有人怀疑他们真有什么关系。尤其是司马光这些学优而仕的人，难有出位之思，他们不理解，无条件的布衣在立功立德方面比有条件的王侯将相会做得更大更好。

我还算理解王通这样人的心理,神龙不见首尾,见天下将乱,而能为拨乱反正提供推手。至于我,一生的学问事业倒是没有人能够怀疑损害的,就是我只以文字来开风气,我不招学生,不为人师。_(其一〇四)

这次生还南国,再一次向金山、焦山祭奠,我还是非常高兴的。金、焦等地向来是骚客诗人的兴会之所,我相信重来此地,能够感应那些灵魂。漂泊在江水上的诗人魂灵仿佛故人一样,我是可以跟他们打招呼的。当然,长江对岸的老朋友们如还健在,明天我就渡江相会,跟他们一起拿起酒杯,诵读彼此的词曲了。_(其一〇五)

长江西来,风急浪白,把船上的旗子都打湿了。这是一个不确定的地带,望眼江中,万艘船舶,其安危不到最后就都是未知数。

有人对我退隐江湖感觉可惜,说我还是应该有所作为。但人的处世之道从眼前的现象中都可以格物致知。那从奉节、瞿塘等三峡一带上船的商贾,如今风送江南,其实应该有人给他们捎一句话:在顺风顺水的时候就要考虑收帆回家。_(其一〇六)

是的,我年轻时候,也曾经雄心万丈,我想到过要参与社会变革,要让这个世界变得更好。就像古人那样,"登车揽辔,慨然有澄清天下之志"。如今南归,只有空空的行囊。我弃官归隐,这个世界有人知道我的倦意吗?有人怜惜我旁观袖手的心地吗?

当年曾经把自己的文集取名《伫泣亭文》,王芑孙老人以为"泣"字不妥,劝我改换。但我那时尚能为社会不公和民生苦难叹息哭泣,今天我明白自己的无能为力,为世界的苦难流泪大概只是无关紧要的闲情闲泪了。我仍难过于世道人心的沉沦,但那又如何?

哎,明白自己的能耐,反而让自己的情怀更加落实。就像那些有缘相逢的美丽女人给了我们当是时的安慰,这一个人,那一个人,跟我们绝非白白地擦肩而过,我们都须珍惜珍重彼此的遇合。所以,我渡江而去时,会把忧国忧民的伤感放到一边,只为跟那个蛾眉女郎分手而幽怨不已。(其一○七)

六月十五日,我跟卢元良兄告辞,离开了甘泉。

当天晚上,丹徒一带的风又急又大,一度把船只打得团团转。

风停下来后,月亮从云彩中露了出来,把这边的一半江水照得如同白昼。我曾打过照面的一位女郎坐船过江,遥看她那艘船在江上漂流,我在心里忽然想到,在这样的月圆之

夜，这个美丽的生命是否安眠入梦？(其一〇八)

在扬州，我再次见到了阮元老人。阮元是大学者、大学问家、大教育家，又是名满天下的大臣。道光十八年，七十五岁高龄的阮元以大学士的职位退休。因年老不能任事而准予退休的情况叫予告。阮元官至大学士，相当于古代之三公，学识又极为湛深，人称一代文宗，想见他的人、求他帮忙的人太多了。大前年，我都代他老人家写过一篇《赠太子太师兵部尚书两广总督谥敏肃涿州卢公神道碑铭》。但阮老予告回扬州后就耳聋了，他在人前装聋作哑，避开了很多不必要的应酬。

不过，他老人家对我青眼有加。当我出现在阮老面前，阮老非但不聋不哑了，且"一谈必罄日夕"，盛情款待。他知道我生活困难，还周济我。扬州好事之徒，编了顺口溜来传扬此事：阮公耳聋，见龚则聪；阮公俭啬，见龚必阔。传到阮老和我这里，我们都哈哈大笑。

其实我知道阮公并不吝啬，他对我这样前去打秋风的人另眼相看不说，对亲友的周济也不遗余力。他担任浙江学政时，曾拿出自己的俸银一万四千两助浙西赈灾，他说："此我数年来俭积之廉俸，今用以救饥民，得用之道矣。"

过去扬州的大户人家都是前有住宅后有花园。而阮元虽有住宅祠堂，却没有花园。弟子梁章钜曾问他为何不置花园,阮元幽默地回答:"我本清贫,没有买园的能力,何况我有钱也不能买园啊。因为扬州人的习惯,姓张的人建园叫张园,姓李的建园叫作李园,我若建园,岂不是要叫作阮园(元),哪有花园和我名字相同的?"这当然是开玩笑的话。不过阮元告老还乡时,皇帝曾有"怡志林泉"之谕,可谓是"奉旨修园"。阮老离京前夕,我的朋友何绍基曾问他,现在有工夫逍遥了吧?阮老的回答是,他的薪水,除了刻书出版、周济亲友外,根本没有什么钱修建别墅了,扬州的老房子,没有园林风景,只收藏有数万卷书。

阮老编撰书籍,在国内广泛流传,估计有百轴之多。我见到这个令人尊敬的国之大老,虽然满头白发,神情依然健旺。我跟他在一起有些没大没小,跟他谈论经学道理,忘掉了他曾是贵如三公的大学士,只把他当作传授《尚书》的伏胜。(其一〇九)

太白有诗:"蜀僧抱绿绮,西下峨眉峰。为我一挥手,如听万壑松。客心洗流水,余响入霜钟。不觉碧山暮,秋云暗几重。"

秦恩复(号敦夫)先生是扬州本地人,家多藏书,他搜集、校勘并重刊的图书有"秦板"之称。我们交往一二十年了,说来惭愧,那是道光元年秋天的事,我正好三十岁,秦老先生主动来造访我,我们很快就成了忘年交。秦老算得上乾隆时代的人，阅人无数，但心光湛然，他本人的气味沉厚，温然耐久。我们在京城几乎三天两头地见面，我们曾经一起抄录奇书异书，我有了得意的书法拓本也会寄给他。如今我到扬州蜀冈跟秦老先生见面，两人都感慨万千。

秦先生喜欢填词，讲究声律。对词曲的发展变化，他有独到的理解，用他的话说，古代的乐府发展到后来演变为词，词发展到后来演变为令，令演变为北曲，北曲演变为南曲，所以用北曲的声谱来考校词的声律，可以说八九不离十。对于今人填词不懂音律的现象，他非常不以为然，他说，最近一段时间，大江南北，到处是盲词哑曲，词不着调，曲不堪听，但这种词曲居然满世界流行，人人还以姜夔、吴文英自许，他们幸亏是没遭到行家里手笑话啊。

秦老先生为我弹奏一曲，让我想到太白的诗，老先生抱着他那声音哀怨的琴，拨弄起来就让我想到了世道人心。秦先生看尽了流行音乐界的兴衰，文坛词场的变异让他怅然若失。

"正是江南好风景，落花时节又逢君。"天宝之乱后，杜工部在江南再遇见杰出的歌者李龟年所写的诗句，跟我见秦先生的情形非常相似。一个时代的风流，一去不返，成了绝响。（其一一〇）

太仓的邵廷烈（字子显）先生编辑了《太仓先哲丛书》，

该书自南宋时代起，到乾隆中期结束。我们见面后，他希望我为之作序。

太仓这个地方，是家父从前管治的地方，我以前曾游历过，但只知道吴伟业（号梅村）、王世贞（号凤洲）这些人物。邵子显把太仓的遗闻旧事辑录起来，让我大开眼界。这里的人物故事真是丰富如浩瀚的大海，无边无际，邵先生的工作称得上是东南地区一部小《春秋》了。

邵先生是我渡江后见到的第一个文士，他的书稿让我先睹为快，是我渡江后的第一件乐事。陶澍先生曾经希望李兆洛先生把江东地方文化人的书编辑起来，以填补《四库全书》的空白，李先生说兹事体大，不敢答应。在我看来，如果一个地方有一个邵子显，这个事就能做成。这件事的意义重大，当年周王室有一百四十多个诸侯国家，一百四十多个国家的人物都来编纂，使孔子等人的学问有了广大厚重的基础。我想如果我能安顿下来，我也应该效法邵先生，做一些对人有用的工作。（其———）

扬州北郊的虹桥是灯红酒绿之地，也是风雅之地。前人作词说："扬州好，第一是虹桥！"

但我在北京的时候，一个朋友闲聊时跟我说："你已经不知道今日扬州了吧，读一读鲍照的《芜城赋》，就能理解了。"鲍照写的千里荒凉让我悲伤。我不相信"腰缠十万贯,骑鹤下扬州"的销金窟会荒凉,尤其是虹桥会衰败。

在前人眼里,这里是美人雅士的流连场所。王士禛(号渔洋山人)曾首创在虹桥修禊,与扬州诸名士在此雅集,众人"击钵赋诗,游宴不息"。这位王渔洋"昼了公事,夜接词人","与诸名士游无虚日"。王把他的修禊与其先辈王羲之参与的兰亭修禊相比,王的名句是"北郭清溪一带流,红桥风物眼中秋,绿杨城郭是扬州"。红桥即虹桥。后来的孔尚任等人也发起过修禊雅集,使得虹桥名声在外。

但确实,扬州已经衰败了。我在扬州城听到小桥下溪水的欢声、登城看到城区房屋的屋瓦"鳞鳞然",没什么残破的。到市场上买熟食、买酒,市场供应充足。回到旅馆,慕名而来求我写字的人很多,似乎一切都如常,一派承平光景,有"康乾盛世"的影子。但是,仔细想来,这一切只是表象,夜晚游船从窗外过,我听到的不是热闹,而是冷清;前来找我要字的人,神情也"凄馨哀艳",才子才女们似乎有人生无所施展的"窒塞"……天地有四时,人间也有四时,扬州的样子已经到了初秋。

因为是在初秋,一般人多看不出它的败象。因为在初秋,盛夏盛世的流风余韵还有一些,像我这样的人"化缘乞讨"还能讨得到,不至于饿死。我为此写了一篇《己亥六月重过扬州记》。

我看到的虹桥已经衰败,这个扬州城外七里处的地方,已经有了腐草的腥臭。富贵人家的钟鸣鼎食，文人学士的诗词唱和，都已经如春花飘零。

抬眼看天市中的星象变化，据说可以看到人间的兴衰。那颗又叫作景星的德星出入无常，但总是在有道的地方出现。东汉时期，陈寔拜访荀淑，他的杰出的子侄们或者驾车，或者步行。到了荀家，荀靖应门，荀爽下酒，荀家其余优秀的孩子们上菜，一时称盛。连天上的德星也聚在一起，以至于观天象的太史报告皇上说："五百里贤人聚。"

尽管虹桥不再热闹了，但我跟朋友们的欢聚没有遗憾。我见到了兰君、邵君等本地朋友，还有魏源（字默深）、陈杰（字静庵）等侨居扬州的朋友，又跟秦瓛（字玉笙）、谢增（号梦渔）、刘宝楠（字楚桢）、刘文淇（字孟瞻）、杨亮（字季子）等朋友相见。我和朋友们把酒言欢，我们内心里的那种安慰、充实难以言喻，跟流行一时的文艺活动完全不同，我们的友情、才华、抱负没有随天象和世运的消长而发生变化，我们的心思化作言语文字，其光芒一如德星闪耀。_{（其一一二）}

司马迁在写信陵君的时候，记下了信陵君的门客对他说的话："物有不可忘，或有不可不忘。夫人有德于公子，公子不可忘也；公子有德于人，愿公子忘之也。"

是的，公子你有恩于人，你不要记在心上；如果别人有恩于公子,你不要把它忘记。

有一次我正要向朋友开口借债的时候,忽然记起了这句话。这句话是那么磊落坦荡,我觉得它就像针对我而发的忠告,我心里发虚,一时沉重无比。

我为什么发虚?因为我怕自己配不上这些际遇,乞讨也好,化缘也好,我要配得上啊。乞讨、化缘首先让自己活着,然后也是最根本的是让自己做得更好,哪怕是活出更好的自己,都是对人对世最好的报答。过去的我确实做了一些事情,现在的我如果继续感时伤世、抒情宣泄就是老不自尊了,而甄综人物、搜辑文献,才是我当仁不让的事。

在很多人眼里,我龚某人是一个狂生。他们并不了解我的大愿本心,人身人生难得,虽然有难有苦,但我们终究要以自身来印证大千世界的圆满;我们每天的生活都依赖他人、前人的劳作,其吉凶之大业也有待我们去报偿或消解。我们能完成这样的愿心吗?(其一一三)

在扬州,我还想到我们时代杰出的诗人舒位(号铁云),他著有《瓶水斋诗集》,另一杰出的诗人是彭兆荪(字甘亭),他著有《小谟觞馆集》。他们的诗风不太一样,舒位是郁怒横逸,其名句有"仕宦中朝如酒醉,英雄末路以诗传"。彭兄是清深渊雅,其名句有"百态新诗珠咳唾,两间清气雪肝肠"。每一个时代都需要自己的诗人,诗人能够把握世界，命名赋形，这也是一种劳作，因为这样的劳作，我们得以在物质生活之外理解这个世界。

舒位和彭兆荪有如此高才，远胜过科考中举获取功名。对初唐、盛唐、晚唐时期把进士一类的功名头衔追赠给有名诗人的做法，我是很不以为然的。（其一一四）

说来也有意思，我少时结交的朋友多是兄长老成之辈。乾隆庚辰榜高中的一拨人跟我过从最亲厚，次则嘉庆己未榜，这两拨儿朋友多谈艺之士。这两科的总考官都是大兴的朱文正（朱珪）先生。

当年我只是一个没什么功名的晚辈，跟前辈们谈经论艺，内心的冲突一如交战那样激烈。前辈们的音容笑貌，在我们的座席之间，都明照一时，显出清雅之气。我的老师文正先生为我们杭州人状元公金甡写的墓志铭极好："斗魁戴匡，厥象正方。公秉其气，不严而庄。……有老门生，校文公乡。铭公冢石，掷笔涕滂。"文正公在夫人去世后，一人独居终老，"服官五十余年，依然寒素"，"不愧为端人正士"。评价文正公最精辟的一句话是："半生惟独宿，一世不言钱。"

把前辈们的遗闻逸事收集起来，使其归为思潮学术的一个流派，有益于世道人心。人生社会的健康发展有赖于这些历史财富，而收拾保存传承这些财富，百年之下，恐怕还是

要靠我这个小门生。(其一一五)

一般说来,人过四十就进入了中年,曾经对音乐不敏感的人到此年龄也需要歌舞游乐了。谢安曾经对王羲之感叹说,人到了中年,就特别敏感,跟亲友分别,总会有几天不舒服。王羲之劝他,年在桑榆,自然如此,所以需要丝竹来陶写性情。

我相信有才华的人到了中年后,最容易沉溺于丝竹等音乐之声,最喜欢年轻男女的歌舞。而到了生计艰难的年份,农业生产歉收的年头,即使是隐逸高人也对山中的薜荔和女萝没有感觉,他们难以安于隐者的贫困,会另找谋生之路。这两种人的心情都可以谅解,人们不必用春秋笔法过分地指责他们。(其一一六)

古人说,姬姓、姜姓女人,都出自大国,是王侯之女,她们的贵族打扮不如市面上的女人打扮得那么入时。至于街头歌楼中卖弄色相的女子,为了体态婀娜轻灵,会穿着尖头鞋子。

太史公说得好:"赵女郑姬,设形容,揳鸣琴,揄长袂,蹑利屣,目挑心招,出不远千里,不择老少者,奔富厚也。"

说到现在的妇女缠足,我深恶痛绝。令人费解的是,男人们不欣赏女性的健康,反而欣赏女人缠足缠成"三寸金莲",以其畸形病态为美。现在的王侯为自己的宗庙香火考虑,选择元妃配偶,难道她们的美德就在这双小脚的上面吗?(其一一七)

说到世道,流行的很多现象都是可以观察的角度。比如流通的金钱。随着我们跟洋人的贸易增多,我们出口了大量的茶叶、丝绸,换回来银币,这些银币在市面上流通,也因新奇让人觉得贵重。据说一百多年来,白银流入我华夏大地有七千万两以上,但这些年来,白银又在大量外流,冲击了我们的财政和市场。其实,汉代就曾经铸造过麟趾袅蹄(就是麒麟脚和马脚)式样的金币,它们的样式也可以追寻。《汉书》《梦溪笔谈》等书中都谈到过它们,我们何必让洋船献来他们的宝贝银币呢?

如果说,汉代《史记·平准书》所记载的解决财政经济问题的办法难以照搬到今天来,我们还是可以仿照齐梁时代铸造饼金的办法来铸造自己的银币,我们不应该把铸币权让渡出去,使自己总处于被动的局面。(其一一八)

说到货币,何止金银硬币,就是纸币也是一个问题。晋朝的文学家左思写成《三都赋》,成了轰动一时的事件。左思"构思十年……司空张华见而叹曰:班张之流也。使读之者尽而有余，久而更新"。有名的才子兄弟陆机、陆云曾想笑话他，看了左思的文章后也很服气。洛阳的富贵人家争相传抄，使得洛阳的纸张都涨价了。

说到纸贵一时，左思的是千古佳话。但现在荒唐的是，民间私商自己印发的钱票也在京城流行。我一直纳闷的是，是什么原因使这张纸票如此贵重？朝廷不统一发行官钞，却听任商人发行私钞，这个现象史无前例，谁能提供什么名目让史家能够写进史书呢？(其一一九)

说起世上的种种荒唐真是让人心意难平。就像古人说的演奏琴瑟，抚促柱则酸鼻，挥危弦则涕流。促柱危弦的声音哀而急切，但音调孤高，没有多少知音。杜甫曾说过人要经常远望原野："气酣登吹台，怀古视平芜。""何当击凡鸟，毛血洒平芜。"我呢，就像坐在琴边，在孤独里抬起倦怠的双眼，望向长满杂草的原野。

忧患者的命运是偶然还是必然的呢？记得三国时代蜀汉有一个叫张裕的会占星，他看出刘家的天下要灭亡，而且刘备的地盘也保不住，忍不住告诉了别人，结果刘备知道了，就找了个借口把张裕杀了。诸葛亮为此问刘备，张裕犯了什么死罪？刘备的回答是："芳兰生门，不得不锄。"我一想到这个故事就觉得人的可怜。如果说芳香的兰草没有长在人家门口，不妨碍人家，结果也被锄掉，那么它是不是应该反

省，自己的前世因缘有什么失误吧。^(其一二〇)

在客店里小住时，看到有人在种菜，突然看出了另一种道理，我对种菜人开玩笑说：

> 你在长满野草的地上
> 东一块西一块地种菜
> 纵横交错地种了不少
> 每月消耗的牛粪
> 肯定得有好几车吧
> 只有你这样的园艺家
> 能想出这样的消遣法子
> 只是以此消磨日子
> 你不求秋天的果实
> 也不欣赏菜地的小花^(其一二一)

这次南归，我还想到江宁去，但没能成行。我也没得到马沅（字湘帆）、冯启蓁（字晋渔）两位同年的消息。

说到江宁，一般称为南京的地方，"六朝金粉地，金陵帝王州"，那里的很多古迹常常出现在我的梦里。南京秦淮河的风流和风景让人神往，遗憾的是，我没福气在秦淮河上荡舟观光。我在想象中看见南京钟山下有马湘帆、冯晋渔两

位大才子,他们在撩人月色里谈古论今,词锋凌厉,如刀光剑影,跟月色交相辉映。^(其一二二)

在南行路上,我还看到了不少世道的实相。不少地方的农家抛荒,不种地了,他们宁愿去做杀猪宰牛的屠户。

政府的大政方针,要么是中央和地方一类的问题,就像《盐铁论》在近两千年前就争论总结的,朝廷的利益和地方的利益总是难得平衡;要么是黄河河道治理等涉及国家命脉的问题。但我现在既不议论盐铁,也不筹划治理黄河。我回到东南地区,置身于民生凋敝的艰难里,多次止不住流下眼泪。国家的赋税明确规定是每亩三升,但农民实际上要缴纳一斗粮食才算过关。苛捐杂税如此,难怪做杀猪宰牛的生意,都比种田好多了。^(其一二三)

在旅途上幸会段果行先生、沈锡东先生两位,他们是家父以前的门客。人生何处不相逢,但再相见,恍若隔世。

一般人称旧日的门客是残客,我在江边渡口就遇见了几位,这些家父事业中的朋友和帮手非常激动,他们拉着我的手久久不放,问好、寒暄,不无伤感。家父好饮好客,对前来求助的人来者不拒,有求必应,他们跟家父在一起度过了人生写意的日子。后来家父辞官,不名一钱,只好"载石而归",也就跟他们分散了。家父能够"敝貂粝食,处之泰如",但他们还得过日子。

我感谢两位先生殷勤地问候我这个官宦子弟,他们早已离开我家到别处谋生,对我还念着往日的情分。刘禹锡的名诗说:"朱雀桥边野草花,乌衣巷口夕阳斜。旧时王谢堂前燕,飞入寻常百姓家。"遗憾的是,我这个官宦人家的传家人只怨自己不争气,使得曾经的好日子如风流云散,我怎么能责骂旧时的燕子飞到别人家去呢?^(其一二四)

过镇江时,看到道士们祭神祈福,他们请出玉皇、风神、雷神的牌位,参加活动的人数以万计。有道士求我写青词。我为此写了这么几句:

> 华夏九州期待着生机
> 生机期待着雷电和风雨
> 千军万马们共谋着无声
> 令人窒息的沉默也令人悲哀
> 天公啊,你风吧,你雷吧,你电吧
> 你抖一抖自己就是将来的狂飙
> 你无须顾虑,你的尘垢秕糠
> 都能陶铸出尧舜大禹,你的风雷
> 将使所有的山谷回音四起^(其一二五)

说到所谓的风流，有人把喜好男色也叫风流。唐宋后的翰林院跟汉代的玉堂殿一样，相当于朝廷养了一批闲人或贤人，有事时会被召见咨询，故也称为待诏。这批官员，职务清闲，优游自如，世人说他们是玉堂神仙。闲人们也以风流自居，沉溺于吃喝玩乐的饮食男女之中。流风所及，连他们的言谈举止和文字都变得绮靡淫丽，就像六朝时代的文风一样。

这些年来，昆曲戏子李桂官和翰林状元毕沅的故事风传一时。毕沅未中状元前，得到李桂官的大力资助，等毕氏考中状元了，李桂官的名声也大了起来，有人甚至称其为"状元夫人"。人们不以为耻，反而争相"艳称之"，甚至以为是"风流佳话"。

美男子也好，长相俊美如女子也好，历代都不乏欣赏者。西晋的卫玠长得漂亮，被人称为璧人，卫公子上街，"见者皆以为玉人，观之者倾都"。这种事只是个人行为，不应该成为文坛的话题。但我们现在的人却对男色故事津津乐道。晋朝人喜欢品评人物风采，晋室南渡，文化中心过了长江，当年过江子弟的遗风传到今天已经变本加厉，他们以玩弄男色为荣。大文人袁枚、赵翼都写有《李郎曲》来记此事。袁枚记录了李桂官对毕沅如何慧眼识人，劝其习练书法、攻读八股，又如何深情，为其端茶递水，二人如何出双入对。袁枚得意于他为李桂官写的长诗："戊子年，毕公官陕西，李将往访，路过金陵，年已三十，风韵犹存。余作长歌赠之，序其《劝毕公习字》云：'若教内助论勋伐，合使夫人让诰封。'"

唉，谁能想到写过"江山代有才人出"的赵翼先生也写了这样的诗：

> 李郎昔在长安见，高馆张灯文酒宴。
> 乌云斜绾出场来，满堂动色惊绝艳。
> 得郎一盼眼波流，千人万人共生羡。
> 人方爱看郎颜红，郎亦看人广座中。
> 一个状元犹未遇，被郎瞥眼识英雄。
> 每当舞散歌阑后，来伴书帏琢句工。
> 毕卓瓮头扶醉起，鄂君被底把香烘。
> 但申啮臂盟言切，并解缠头旅食供。
> 明年对策金门射，果然榜发魁天下。
> 从此鸡鸣内助功，不属中闺属外舍。（其一二七）

女真部落也称女直，这个东北地区民族建立的金国一度南侵宋国，控制了黄河地区。金朝明昌年间，黄河决口，水流分为两支，一支由北清河入海，一支由南清河入淮河。明代后，黄河的北流断绝，到我大清年间，黄河由河南南流，经砀山、宿迁、淮阴等地入海。

这一历史，在我看来，是自然界的力量胜过了治水大师大禹的能耐。现在的人应该有自知之明，自己比大禹厉害吗，自己比大自然厉害吗？哪里用得着一些迂腐的儒生谈论什么黄河故道的改造？胡渭写书《禹贡锥指》说："禹迹荡然无存，君子于此有遗憾焉。"还说黄河改道是"拂天地之经，奸南北之纪"。我觉得胡先生的忧虑有些多余了，现在以黄河为界，南人北人的民风习性不同，就像犁沟那样划开得清清楚楚。我这次南归，渡过黄河以后，看到天空的颜色就有一南一北的不同，地气地貌也有南北的差异，民众的风土人情也不一样。真的不需要人为地去改造黄河了。_(其一二八)

我坐在船上读陶潜（陶渊明）诗集，一时心有所思。

陶潜在他的诗里喜欢说到荆轲，我能想象他在写完《停云》诗时高声吟唱的慷慨浩然。

　　停云霭霭，时雨蒙蒙。
　　八表同昏，平陆成江。
　　有酒有酒，闲饮东窗。
　　愿言怀人，舟车靡从。

《停云》是他思念亲友的作品，荆轲有恩仇相报的侠肝义胆，我相信陶潜在吟诗时，恩仇未了的心事会汹涌澎湃起

来,遗憾的是,他那时有江湖侠气的人已经不多了。^(其一二九)

诸葛亮被称为卧龙,辛弃疾有词说:"把酒长亭说。看渊明、风流酷似,卧龙诸葛。"借辛先生的说法,陶潜的豪气跟诸葛亮非常相似,他永远是高洁的形象,就像他隐居浔阳时种的松菊;以至于小说中的林黛玉都写诗称道:"一从陶令评章后,万古高风说到今。"

但是,不要相信诗人表面上的平淡,他的诗和人有两分像好为《梁甫吟》的诸葛亮,有一分像写《离骚》的屈原。^(其一三〇)

陶潜的心胸坦荡磊落,性情温厚。他穷得有《乞食》的经历:

> 饥来驱我去,不知竟何之?
> 行行至斯里,叩门拙言辞。
> 主人解余意,遗赠岂虚来。
> 谈谐终日夕,觞至辄倾杯。
> 情欣新知欢,言咏遂赋诗。
> 感子漂母惠,愧我非韩才。
> 衔戢知何谢,冥报以相贻。

古人说，人死后还可以报答恩仇，这就是冥报。陶潜先生吃了别人家的一顿饭，无以为报，除了写诗，就是想到冥报。

这让我想到杜少陵的诗。杜甫先生也不容易，也穷困潦倒向人求助，"朝扣富儿门，暮随肥马尘。残杯与冷炙，到处潜悲辛"。虽然写的是实情，但我还是觉得老杜的口吻有些轻薄了，他只写了"朝扣富儿门"。（其一三一）

我到江阴的时候，还见了李兆洛（字申耆）老先生，见到他的弟子蒋彤（字丹棱）先生。

李老和我的老师刘逢禄（字申受）先生都是常州人，人称"常州二申"。二十年前我就想拜在李老门下。我当年写诗："所恨不识李夫子，南望夜夜穿双眸。"好友魏源说李老："李先生于学无不窥，莫测其际。近代通儒，一人而已。"这次总算了一夙愿，见到了李老。

李老先生是江左的一颗晨星，古人曾说天上的星星如炬火，李老先生确实像一支大火炬一样灿然发光。他学问渊博，在经学、音韵、训诂、地理、天文、历算、古文辞方面都有心得，他还自铸天球铜仪、日月行度铜仪，精通铸造术。可以说，不论是海里的鱼龙还是天上的光怪，百种千般都被他吞在肚里化为财富。

现在见到了李老的门人蒋彤先生，我想，如果中原的星

象家们晚上看天象天气，一定可以看到有一道像湛卢宝剑的光芒倚在李老先生的门旁。（其一三二）

在江阴见陈延恩（字登之）先生的时候，还再次见到了盛思本（号午洲）先生。

《世说新语》中记载当时人论过江的人物，谁是第一流谁是第二流。在我们这个时代，过江名人中，声名响亮的，有盛先生。南朝的颜延之先生做过光禄大夫，盛先生也在光禄寺任过职。不过，盛先生如今又像山中老树一样，不被任用，饱经风霜。

汉末的陈登（字元龙）跟许汜见面，自己在大床休息，让许汜在下床休息。许汜到处说陈元龙豪气不除，刘备辩护说，像许先生这种有国士之名、不留心救世却到处求田问舍的人，陈元龙对他已经很客气了；换作是他，他就要睡在百尺楼上，让许汜睡在地上。

我见到盛先生，觉得人间幸亏有他这样如陈元龙式的人物，可以高谈阔论一直到深更半夜，我们的雄谈让当值的斗星牛星都感觉到寒意了吧。（其一三三）

虽然在旅途中，虽然到了南方，但京城的动静还是能够及时知道。在路上，听说狄昕（号广轩）、苏孟旸（号宾嵎）、夏恒（号一卿）三位同年突然去世，真是晴天霹雳。

一两个月前，我出京时还写诗说"五十一人皆好我"，我们当年的五十一人就这样突然少了三个人。狄兄官至刑部郎中，苏兄、夏兄官至吏部主事。我在江南听到这个噩耗禁不住流泪。

随身携带的行李中还有这几位年兄的墨宝，从此以后，我要用珍贵的玫瑰宝石箱函来收藏，以示永久纪念。（其一三四）

在旅途中，我还梦见了顾广圻（字千里）。他是有名的藏书家。顾先生于经、史、小学、天文、算术、舆地、九流百家、诗、文、词、曲，无所不通，人称"万卷书生"。我们的交往很深，我二十九岁那年，他为我收藏的一方砚赋《浪淘沙》一词；我到苏州，跟他一起参与朋友举办的雅集，他找我借书，还书时我请他题跋。后来我到京城，我们的联系就是书信往还，我有好的拓本也会寄给他。有一年他写信给我，要我搜罗京城一带的碑版资料，可以编成一书。

十年前的己丑年，我跟他书信来往，约定五年后相见，顾先生回信说："敢不忍死以待？"但我竟然爽约了。顾先生于甲午年春去世，至今有五年了。

我梦中的顾先生虽然是书生，但气宇轩昂，当他来到我面前的时候，我真是欢喜极了，难得又见到了老朋友。我期待，经历了许多世代的三吴湖山，什么时候再出现像他这样的一个霸才？（其一三六）

顾千里先生著有《思适斋笔记》，校定六经和诸子百家，订正其中的文字错误。宋代有陈振孙、晁公武等藏书家、目录家，顾千里的成绩超越六七百年前的陈、晁，也是足以自豪的一件事。

宋代贾黄中小时候聪明，五岁的时候，父亲每天早晨让他站直，把跟他一般高的书卷打开，说是等身书，让他诵读。后来人们把作品多也叫著作等身。老顾也有一个儿子，生活还比较贫困，但他拥有父亲的等身著作，相信父亲的财富迟早能被他发现。顾先生的校勘学问，算得上是汉代刘向以后一大宗匠，而陈振孙、晁公武等人只是抄写目录而已，是不能跟顾先生相比的。（其一三七）

我本来也想再到太湖的洞庭山游玩，但不能成行，也没有老朋友叶昶的消息。二十年前，我曾两度到洞庭，叶昶就是那里的人，他能诗、好客，宁愿隐居而不愿出来做官。我曾跟他约定，如果不在洞庭山寻一块归隐地方，我们彼此就不再相见。

想起这个约定，让我怅然若失，我今天的闲愁正是因为洞庭。我猜想洞庭有名的山茶花开得正艳，但我跟叶昶失去了联系，他是生是死，完全没有消息。也许他跟山茶花一样笑我俗气，但我这样俗气的人梦见了他，梦见了洞庭东山碧螺峰南面的查湾，那一角查湾仍青青如同我的闲愁。（其一三八）

行程到长洲的时候，让我想起了宋翔凤（字于庭）先生，长洲是宋先生的家乡。宋先生熟知今文经学，曾跟我外祖父治《说文解字》，仕途不顺，到老才得到湖南新宁、耒阳等县的知县职务。他曾经做过泰州学正，做文教工作，我有时候就称他宋广文。二十年前我送他"奇才朴学"几个字，到现在仍不过时，仍极为精准。

我很早就认识宋先生，他是大经学家庄存与先生的外孙。宋先生是官场的失意者，在学问方面却是一员健将，他著有《尚书略说》《尚书谱》《周易考义》《大学古义说》等多种书。他虽然年龄、行辈都较我长，但我们二人始终平等相交，情谊笃厚。我们的诗词唱和也多，我最得意的一句诗就是出自《投宋于庭翔凤》："万人丛中一握手，使我衣袖三年香。"

宋先生长身玉立，风度儒雅。他到湖南做官，屈原、贾谊曾在那里生活过，那里堪称是英灵所在。《隋书》中说，江汉英灵，是大国的财富。我遥想在屈、贾等先贤生活过的英灵之地，宋于庭先生到那里做官后，又可以建立一支经学的队伍。_{（其一三九）}

我在江苏太湖，还看到以前的排水沟都成为平地了。太湖以前有七十多条排水的溇沟，在松江还有上、中、下三个泖湖，它们或圆或斜，各有当初的样子，但如今已经面目全非。这些原来的水系是自然分布的，如同大地的经脉，跟太湖一道自有蓄洪、泄洪、供水之功效。土厚水深，居之不疾，但豪强一旦成为地主，就会侵占自然，向湖水要田要地，填水填湖造田，如此破坏了水利。

三吴大地的这类现象非止今日才有，北宋的郏亶、郏侨父子就有论三吴水利的著作。在我看来，同鱼虾一类争夺一升一斗的水是可耻的，后者有升斗之水可活，可为大地添加生机，但升斗之土地能给豪强地主们什么利益呢，虚荣而已。我就仿效郏氏父子的做法，把治理三吴水利的计划写下来，献给江苏布政使，我的同年裕谦（字鲁山）先生。（其一四〇）

长洲东南的元和是江沅先生的家乡。江先生字铁君，他家学渊源，也在我外祖父门下求学数十年。我尊称他为铁师，他是我学佛的第一导师，教我寻求人生的无上法宝。二十九岁那年我写诗说"我欲收狂渐向禅"，就是受到铁师的影响。我曾给铁师写信说："自珍之学，自见足下而坚进。"对铁师，我也是知无不言，曾经激愤地跟他说自己的在京生活是"榜其居曰'积思之门'，颜其寝曰'寡欢之府'，铭其凭曰'多愤之木'。"

遗憾的是，铁师比我早一年返乡，于去年去世。人生诸缘，在千万劫中无以酬报功德，我祝愿铁师早点往生净土。

让我来介绍铁师。可以说，铁师讲经论学的门路狭窄、非常专业，而铁师自己念佛很得力，也有效果。我跟铁师相似，我们都反对狂禅。现在铁师过世，他在等待我一起到莲花国去，到西方极乐世界去。（其一四一）

我到元和时，还经过支硎山。舅舅段骧（字右白）就埋葬在那里。他一生写诗，到晚年则否定太过。我还有他的一卷《梅冶轩集》。我当年跟他一起访问亲友，在徐渭仁家饮酒一天，观赏徐先生所藏的古董及汉砖。我还跟他一起编选外祖父的文集《经韵楼集》，收选老人家一百八十余篇文章。那个时候的舅父还是积极有为的。

舅父的诗，在少年时代是哀艳中杂以雄奇；到了晚年则有暮气，人也颓唐，但他自己并不知道。去舅父的墓前哭祭过了，我打算把他早年的《梅冶轩集》再抄一遍。（其一四二）

《礼记·内则》中称保姆为"可者"，我认定这个词是"阿者"之误。书上说，好的阿者是宽裕、慈惠、温良、恭敬、慎而寡言的，可以做孩子的老师，其次能做孩子的慈母，再次能做孩子的保姆。

我的保姆姓金，这次在吴中我见到了她老人家。她高寿，已经八十有七了。见了面，她不免泪水涟涟。她在我家做事一辈子，能说我家六十年的家事。我见到她，恍然疑惑悲母还在。《本生心地观经》中说："父母恩者，父有慈恩，母有悲恩。母悲恩者，若我住世，于一劫中说不能尽……一切众生轮转五道，经百千劫。于多生中互为父母。以互为父母故，一切男子即是慈父，一切女人即是悲母。"

我应该给金母报恩，我祝愿金母的后代贤明，有德有成。（其一四三）

路过秀水县，我又见到七叔父。我们龚家传到现在，有的人心术不正，使得家族涣散，全靠七叔父等人支撑。

或者每一个家族都有不肖子孙吧，老天爷把一个灾星降到家门里来，使得骨肉兄弟之间有了矛盾，彼此像荆棘野草，让人痛心，不可理喻。

幸赖本族有七叔父这样的人调停维护，使我们龚氏宗族不致覆灭，祖先的神灵不致饥饿，这是应该铭记的大德深恩。（其一四四）

明代的紫柏大师，字达观，他因《大藏经》书多，一般人不容易接触，就发大愿，把佛经改刻成容易流通的版式。他的刻板在余杭的径山。康熙年间，刻板从径山运到嘉兴的楞严寺。但年深日久，经书仍会佚失，现在传下来的不到四成了。要找天台宗的各种印本，也找不到了。

但是，紫柏大师在径山刻印佛经五千卷的声名，如狮子吼，传遍中国。现在的径山，到处是野火烧过的痕迹，我在苍凉的山上凭吊达公。

佛经中说，五千阿罗汉，是修行勇猛有宏大能力的僧人，以此说他们如龙如象。但现在，哪里还能找到如龙象般的宏大力量，让佛经的金光明照浙江的东西大地呢？^(其一四五)

我在径山拜谒了紫柏、蕅益两大师的画像。那么光明灿烂的佛法，也仍在学舌者那里遭到歪曲败坏，几个世纪以来的狂禅流行就是证明。我曾经说，晚唐以来，就有昧禅之行，冒禅之名，在大都会里，经常看到禅师遍地走。有人开玩笑说，北京的任何一个区域都有成千上万的禅师。在狂禅招摇撞骗后，明代的紫柏、蕅益两位年高德劭的大师担当了阐扬佛法的责任。他们两人就像龙树、马鸣菩萨一样，一齐现身，推扬佛法，让我至今仍仿佛听见大地上传承狮子吼的声音。

这也算是还愿吧。还记得去年，有会稽人送我茶叶，我详细地问了种茶所需的天时、地利和人力，发誓今年一定要回浙江来，要拜谒天台大师塔，要联络老朋友们。我说："明年不反棹浙江，有如此茶矣。"现在总算是实现了。^(其一四六)

我在长洲遇到逸云和尚，他经常讲《楞严经》，最近刻有《楞严宗通》一书。据说高僧大德说法时，天上会降下香花。逸云说法的道场里也香气可闻，一定也是因为他说法感动了上天,而降下过香花。

宋代的长水大师也以讲《楞严经》出名,徒弟多达上千人。看到逸云,让人觉得长水大师的宗师风貌如在眼前。他的修行说法是实实在在的,任凭别人打机锋、参话头去吧。我认同逸云重刻《楞严宗通》,不把文字去换那些狂禅伎俩。_(其一四七)

说到嘉兴,我顺道拜访了嘉兴太守王寿昌(字子仁),他是江苏高邮人。子仁先生是我的老师文简公王引之先生的儿子,是音韵学大家王念孙的孙子,是文肃公王安国先生的曾孙。

高邮因王氏一家出名了。王家一脉相传,四代都是达官显贵,同时他们又都研究经学,家门的名声像山岳那样高峻。在儒林学界之中,能够几代都有学者出现,是非常少见的事,可以说,高邮王氏这样的福泽在本朝首屈一指。_(其一四八)

[传记]

卷五 浮生家园

七月初九,我到了杭州。

家父时年七十有三,在家里盼望我已经很久了,大概从知道我离京消息的那一天开始,就盼望、计算着我返乡的日子。家父在官场几十年,比我有定力得多,他肯定比我更了解官场的险难,他一定担心我。我能安然无恙地回家,他已经心满意足了。

儿子无能,只有任凭愧疚的汗水浸湿儿子的衣服。对壮盛年华白白地浪费,对父亲疏于奉侍一事,我追悔莫及。世事沧海桑田,但我的心事已经安定下来,这一次在官场上跌了一大跤,并非全是坏事。(其一四九)

陪父亲聊天,陪父亲散步,让人感动的情景非常多。父亲扶拐杖出门,里弄的少年都起立以示尊敬。

这让我感慨,我家乡的风俗还没有被败坏污染,还有朴素敦厚的传统。见到老年人,少年人会争着礼让他们。《诗经》说:"维桑与梓,必恭敬止。"对家乡的长辈温良恭敬,

这是人伦名教的开端。这样的仁爱推而广之，人们即使漂泊天涯，也就如同在家乡一样。（其一五〇）

对我来说，跟杭州的湖山小别一时，它就如同是劫外的天地，陌生而新鲜。杭州生活气息重、发展快，小别一时，它就变了样子。

佛法有四禅定的说法，到第三禅的时候，人们会喜心涌动，需要用定力来观照内心，去感受绵绵快乐的境界。我这次生还回来，就像验证了第三禅的境界。在了悟天台宗的佛理之后，我在人生或说人道的苍茫里又经历了十四年，但正如佛法所说，一切无所谓来，无所谓去，名一往来，而实无往来。（其一五一）

我们浙江东边的地区虽然秀丽但显得清瘦文弱，而北方地区尤其是黄河流域以北的地区，虽然雄奇但又过于粗野不驯。我一生足迹也算是走遍中华大地，看过古人如一行大师说的河山两戒的地理风貌，总结起来，还是自己家乡的山川风物举世无双。（其一五二）

在家乡看到亲朋好友们的生活，他们的岁月悠闲，无拘无束。我们在一起似乎有说不完的话，感情在岁月中的积淀一时得以宣泄，彼此也就不讲什么礼数，自由自在。

我曾在紫禁城东华门内的内阁工作过，不免有官场的习气和俗气。如果要问我身上这些东华的尘土是否洗尽，家乡的亲人和山水已经为我做了解答，在这个秋天，十天倒有九天是游山玩水。

我过去十几年生活在被称为"首善之区"的京城，但在家乡人眼里，生活在京师首善之地的人不过是饱吸官场名利场肮脏灰尘的吸尘器。他们要我在家乡的山水间吐故纳新，把一身的尘土清洗干净。（其一五三）

今年有乡试，来我们江浙主持科举考试的正副考官还没出京，有关他们的情况就传到浙江了。我希望考官中会有好友吴虹生，希望落空了。在深秋季节怎么能够遇见吴兄呢？他如果外派来浙江，坐着轺车游览西湖，那么我会给他当导游，把西湖的一桥一石都向他介绍，这才不枉他在京城东华门送我的情谊。

我祝愿他年吴兄能够莅临浙江。（其一五四）

念叨完了吴虹生后，又想起了黄玉阶蓉石先生，因为晒衣服的时候突然见到了黄罗衫。古人把豪爽的人称为黄衫客，蓉石先生当得起"亦狂亦侠"。

蓉石先生是岭南番禺人，如果细说起他的作风和待人态度，岭南人何曾比江南人差呢？（其一五五）

杭州钱塘江的海潮天下闻名,那是大自然的奇观。海潮到来前,远处先呈现出一个细小的白点,转眼间变成了一缕银线,并伴随着一阵阵闷雷般的潮声,白线翻滚而至。几乎不给人们反应的时间,汹涌澎湃的潮水已呼啸而来,潮峰高达三五米,后浪赶前浪,一层叠一层,宛如一条长长的白色带子,大有排山倒海之势。

每年八月潮势最盛,八月观潮是我们杭州人的盛会。宋代遗民吴自牧的《梦粱录》中说,每年八月,潮水比平时更大,当地人自十一日起就跑去观看,到十六日、十八日,几乎一城人倾城而出,人山人海,到二十日看潮的人就少了。

八月十八日这一天,我陪家父一起去看海潮。

我们龚家定居杭州至今有四百年了,这么说并非我要把自家门阀向杭州人夸耀。如果把杭州的历史、各种典故都找来看看,能够陪父亲观潮的,在门阀之家又有多少人呢?（其一五六）

这些天在杭州游山玩水,如果问我哪一天游玩最有意思,那就是在桂花香气外等候秋潮到来。我在那里,期待自然的壮观,在心思变得空无的时候,突然有老朋友从心上浮现,那是虹生(吴葆晋)和子潇(蒋湘南)两人。

虹生兄不用说,想起子潇也是因为诗情画意。我们都是诗人,但子潇兄算得上是一个"雅贼"。一般以为"雅贼"

是文人间顺手牵羊,比如我的朋友魏源曾在我家里毫不客气地顺走了我的藏品,让我发现时恨恨然跟他理论。子潇的雅却是把我的诗据为己有。他不承认我的诗好,认为我的诗没有我的文章好,常对人说:"文章一道,我佩服老龚。"他还写诗说:"文苑儒林合,生平服一龚。"但他的诗其实多有抄袭我的,如《偶成》一诗:"久堕诗魂不可招,未枯性海复生潮。气寒半夜防身剑,声满中原乞食箫。但得意时杯在手,不如人处绶垂腰。群星扰扰无萤大,一月从容镜碧霄。"只要读过我的《秋心》,就知道二者的亲缘关系:"秋心如海复如潮,但有秋魂不可招。漠漠郁金香在臂,亭亭古玉佩当腰。气寒西北何人剑,声满东南几处箫。斗大明星烂无数,长天一月坠林梢。"他还有一首《偶成》则是抄袭我的《夜坐》,他的《所思》也抄袭我的另一首《秋心》。

在这样的秋天,如果虹生兄、子潇兄在,我们一定会从事风雅,一展彼此的才华。_(其一五七)

我的表弟吴鹭云(吴崇俊),为人孝顺。他的先人坟墓在杭州灵隐山东南的飞来峰,也就是灵鹫峰,他画了一幅图,请求我写首诗。这让我想到,我有十四年没到母亲大人的坟前了。

我童年时,上完学回家,常在母亲帐外跟着母亲一字一句地读诗,吴伟业、方舟、宋大樽等人的诗就是那时背下来的。我后来写诗说:"一种春声忘不得,长安放学夜归时。"十岁那年,我就跟母亲有诗唱和,母亲当时写诗说:"遥想故国今夜月,几人相对数征鸿?"我二十八岁那年到北京参加科举考试时写诗:"我有箫心吹不得,落梅风里别江南。"母亲写诗劝慰我说:"盼汝鹏程云路阔,不须惆怅别江南。"我三十二岁那年因避讳未参加科考,母亲写诗劝慰我说:"黄榜未悬先落第,青云无路又辞官。长安岁岁花相似,会见天街汝遍看。"唉,想到母亲,我心里有难以言喻的依恋和愧疚。

儿时的我有一种"怯症",常有莫名的恐惧,如听到卖汤圆的饧箫声,整个人就呆了,我母亲就用棉被把我裹住,不断安慰我。晚上我还是不安,会扑入母怀以求庇护。后来成年了,我听闻饧箫声就会情伤不已。

我想象灵鹫山峰的高华,在夜里会生出云气,表弟画中的山坳里就有他祖坟所在之处。化民成俗,我们的文化称得上是伦理名教,但在千年的名教文化里,如果问我有所惭愧的对象,那我面对王羲之是很惭愧的。王羲之当年在父母墓前自誓,不再做官,朝廷为他的誓词感动,也不强迫他做官了。他的《誓墓文》有这样的句子:"子而不子,天地所不覆载,名教所不得容。信誓之诚,有如皦日!"^(其一五八)

我在杭州还跟曹籀(字葛民)、徐楙(号问蘧)、王熊吉（号雅台）、陈春晓（号觉庵）等人见面。跟这些家乡的读书人谈论学问，是轻松愉快的事。他们几个人不喜热闹，不走学而优则仕的道路，守着恬淡的岁月。我从他们身上学到了很多东西。我知道那些科举场、官场得意的人，一如仙界中的桃花，只是暂时好看，而像这些家乡甘于淡泊的读书人，就像是山溪间的松树一样，更能耐受寒冷。（其一五九）

曹葛民先生为我们画了一像，要我写几句话，我用佛法中假观的观点来说吧。

在我们眼前的石屋里，有书，有画像。我们看到这些，就像是过去、现在和未来三世，四面八方再加上下共十方，一切加持，呈现在这有限而又丰富无尽的小小时空之中。

我们拿起各自著书立说的一支笔来，我们各自的时空里也如同道家的洞天仙居，生机无限。（其一六〇）

在杭州，我还为西湖的僧人说讲《华严经》一品，讲完后，我还说了一首偈语。

> 什么是从假入空的方法呢？
> 你也不用问我，我也不用回答。
> 万物相互连接。
> 但你一旦发问，就会表现你的"自性"；

我如果回答，则会表现我的"自性"，
这样各有自性的结果就难以沟通，难以辅成。
如果不能沟通，那还算什么佛土？
算什么一切都能相互联系呢？^(其一六一)

在杭州，我也见到了汪远孙（号小米）的弟弟又村先生（汪适孙）。

小米先生已经去世了，他是藏书大家汪宪的曾孙。他们家的振绮堂是有名的私人藏书室，自汪宪手创，历代增收藏书，有万轴之多。在乾隆、嘉庆年间的中国，很少有家族能跟他们汪家相比。

小米、又村兄弟就像东汉陈寔的两个儿子元方、季方一样，都很有才华。小米去世了，相信以又村的精纯，仍能接续家族的事业。我在城东见到又村先生，问过家人情况，不免又问他们的藏书情况。^(其一六二)

城东马婆巷，那里曾是我们龚家的老宅，房子已经卖给他人。我到那里，想念往事，追忆堂兄竹楼（龚自新）。

竹楼兄跟我都是砚北老人的曾孙。砚北老人龚斌是我们尊崇的先人，他留过一本著作《不能草》。竹楼兄有仁心仁愿，宽厚待人，不幸壮年身故。

自从竹楼兄去世后，我就没有人能够一起谈论家族的往

事。如今我在马婆巷，看到夕阳西下，想起竹楼兄，感慨良多，久久不忍离开。^(其一六三)

这段时间还有几位前辈在杭州家乡，科考资历、年龄跟家父不相上下的就有五人：姚祖同（字亮甫）、陈嵩庆（号坚木）两侍郎，张青选（号云巢）鹾使，张鉴（号静轩）、胡敬（号书农）两学士。姚前辈做过中书、布政使、巡抚；陈前辈做过礼部和吏部侍郎，书法名噪海内；张云巢前辈做过盐运使，能诗；张静轩前辈做过内阁学士；胡书农前辈做过学士，辞赋之学的造诣很深，大才子袁枚称赞他说："乾坤清气得来难。"

这些前辈人书俱老，醇雅深厚，有岁月洗礼的魅力。我二十年前就认识了亮甫前辈，当时还写诗说："偶赋山川行路难，浮名十载避诗坛。"《诗经》中说，人没有不瞻仰父亲而取法者，人也没有不依恃母亲而长大者。我在这些前辈面前，也有了瞻依之情，而且非常惬意自在。

跟家父年纪差不多的人还有不少，这些前辈宦海一生，在海内都有清贵的名声。有些人一到春天，家里青黄不接的时候，就会把自己的官服典当了救急，他们的生活虽然清贫，但真是洒脱。^(其一六四)

我在城东的乔松庵还见到了慈风法师，他对法相宗有很深的研究。我向他请教天台宗的一些义理，法师如同没有听见，装聋不答。他送我到山门外，我推辞拒绝，法师说，这是佛法。

我说，送客不是佛家人应该做的事。法师说，有客不送不是佛家人的宗旨。

按佛家的说法，破法归空叫遮，存法观义叫照。天台宗认为，遮就是空观，照就是假观，同时看到空假，就进入了中道。究竟送客为是，抑或不送客为是，我们同时照见看见了。

是的，我们看见了，佛性的金光也照见了乔松寺。

一时之间，在外人看来不起眼的大地、寺庙都有了殊胜的内涵。（其一六五）

我的老朋友钱伊庵居士去世，虽然我拿到他晚年著的两卷书，但仍非常痛惜。

我们中华大地的狂禅风气，一度非常流行，其狂热程度可以说不可计量。但在这样的情况下，真正智慧的性命真的如昏暗中的一盏明灯，使得佛法的传承不绝如丝。

《景德传灯录》中记载庞家父女，修行很深，庞父将要入灭的那天，他要女儿到外面看看太阳，如果到中午了就跟他说一声。女儿进来后说："太阳已经到中天了，不过有日食。"庞父就出门看情况，庞女马上坐到父亲的座位上，合掌而终。庞父醒悟过来,笑说:"我的女儿言行敏捷啊。"他因此延缓了七天,也入灭了。

我观察如今佛法传播的情况,可以说,佛祖说法的灵山仍在那里,佛法仍在那里,并没有退场,但一些佛法宗派,已经到了庞家出现日食的时候,隐退消歇了。_(其一六六)

在京城的时候,芸台师(阮元)嘱咐我为齐侯中罍两壶的铭文做一个解释。老师从六舟僧达受手中买来了这两个铜器的手拓精本,我陆续寄给了徐问蘧先生,希望他也提供一个自己的解释版本,我因此给问蘧先生写信问询。

阮老师是仪征人,仪征旧称真州。阮真州从前考订古文的时候,人们对东汉崔瑗的著作《飞龙篇》、贾鲂的著作《滂熹篇》还有争论,我也参与其中,曾把一个争论问题解决了。

研究经学的人各有秉承的"家法",彼此从来就有不同。阮老的拓本虽然模糊,不太清楚,送给你问蘧兄还是可以做一个参考的。_(其一六七)

回到家乡,多忙于应酬。总算有时间闲下来了,三天时间没有出门,这三天做完了哪些事呢?在画上题字,给人写祝寿的文字,写恭维人家的文字。其实还是应酬啊,但这些应酬仿佛是我们生命中的缘分,缘起来了,我们尽心尽兴地了掉它,这就是缘起缘灭啊。

我用骈体文、散文分别写记、写序、写诗偈。虽然文字不好,幸好有点酒意助兴,一支秃笔也算趁手。（其一六八）

我想把自己的作品全集寄一份给吴虹生,只是还没有完成。

虹生兄经常用大义来勉励我,督促我,还多次救我于危险之中。他对我的出仕做官和归隐的态度非常欣赏,也喜欢我写的文章。

司马迁说过,他的作品要在正本外留下副本,"藏之名山,副在京师"。如果问我的作品的副本要赠送给谁,屈指数来,首先就应该寄给大胡子老吴啊。（其一六九）

在我少年时代,无论悲哀还是快乐,表现得都比别人要强烈。那些无端的歌哭,一字一句都是发自内心的。

到我走入科场、官场以后,在名利场中周旋,年少的真情和锋芒不知不觉消磨掉了,我的做派也夹杂了装痴作傻的狡黠。那颗童心,似乎消失掉了。李卓吾（李贽）说过:"夫童心者,真心也……若失却童心,便失却真心;失却真心,便失却真人。"

只要我们有心,我们童年无意中拥有的,而成年后失却,苦求而不能求得的,仍会回来。就像在家乡休息,就是

一种身心的恢复。七日来复。这一夜，我真的在梦中回到了少年时代。（其一七〇）

獥貐是传说中吃人的恶兽，它似乎一直在磨砺牙齿，要把我们龚家传了十代的祭祀倾覆，让我们龚家灭族。

我也向上帝鬼神们诅咒，请他们给那人降下灾祸。历史上一个国家也会施行这种诅咒，像秦国就有《诅楚文》，秦王说他用了贵重的礼物、隆重的礼节，请求亚驼河大神和巫阳河大神，因为楚王熊相罪恶多端……

我也给亚驼河大神和巫阳河大神准备了厚礼，他们享用了我的鸡和猪，一定能保佑我们龚家平安。（其一七一）

我白天梦见了亚驼大神，他告诉我说有好消息，那个吃人的恶兽明年三月就会死掉。大神会把坏蛋剁成肉酱，会把他的后代灭绝。秦国当年请求亚驼大神，他们以少昊氏为祭祀的对象，愿望实现了要向少昊氏还愿。那么，我也焚香，在心里向少昊氏敬告一声。（其一七二）

我在杭州还去拜祭了朱大发、洪士华两人墓地，他们是为我的先祖守坟的人。家母的坟墓也在先祖墓地旁边，就是地名称为花园埂的地方。

我带了一点祭品到绿水青山的花园埂，向两位祭奠。坟墓边的杉树、楠树长势很好，比以往更高大了。我的先人在九泉之下仍需要守护，我在祭拜朱、洪的时候想，喜欢在山林中穴居的狐狸常常会破坏坟墓，那么守护我先人的墓地、驱逐狐狸，仍有劳你们两位了。（其一七三）

这次回杭州，有不少人来求字，说是可解异日相思之想，以做纪念，我写的纸张塞满了一屋子。对那些撰写祖先的事迹的请求，如放在家里的家传、将要立石在坟前的墓表，我更是仔细地推敲，数易其稿，以至于家里有不少存稿。

一般来说，地方志和家传这类志乘作品，对于去世的著名人物，无论什么样的细节，都力求搜罗到手，越是丰富越好。我们下笔不能像孔子的《春秋》那样简略，一定要追求丰富可观。

看到这些人物，他们的子孙在百年后还殷勤地请求我撰写他们的事迹，我怎么能不认真对待，怎么能忍心说挑灯黄夜写作只是为了应酬一下呢？（其一七四）

听说最近的白银昂贵，有关部门叫苦连天却拿不出办法。《汉书》中说盛世光景，国家粮库里存的粮食，都发红腐烂了；钱库里的铜钱，绳子都朽烂了。这说明国家不一定非要用白银来计算财政收入啊，在这个问题上，我跟杭嘉湖道的徐荣（字铁孙）先生的看法是一致的。

但现在的政府规定，民众交纳赋税，要交白银，不能交纳铜钱。白银大量外流，导致银价日贵、铜钱日贱，让纳税人加重了负担。为什么国库里不能收藏铜钱呢？如果准许用铜钱交税，银价是高是低都可以不去管它，百姓们也能感到方便。

我跟徐铁孙先生想出了这个办法，如果真能实现的话，那么，即使出产白银的朱提山被挖空了，白银也发挥不了权力，不会物以稀而贵了。^(其一七五)

我还到严烺（字小农）侍郎的别墅富春山馆去做客，小住几天。别墅在城南清泰门附近，那里是明代金尚书的旧居，至今还有杭州人称其为金衙庄。有人说它在杭州城的园林中可排名第一，我品题过天下名园，以为金衙庄可排名第四。

在严先生的别墅里，宴席上的菜品，天上飞的，水里游的，应有尽有。古人说，丝不如竹，竹不如肉，意思是说琴瑟一类的乐器不如箫笛一类的乐器，箫笛又不如人的清唱。在严先生的别墅里，各种乐器都有，吹拉弹唱，喧闹非凡。严先生招待我们十天，把酒言欢，美酒美食敞开供应。

在我看来，我们东南部的这方土地不能没有这样的欢乐，这也是人生的风雅。我为此亲笔把金衙庄题写为天下

第四园。（其一七六）

在杭州，我还拜祭了赵魏、何元锡两位先生。他们两人为我订正拙作《羽琌山金石墨本记》。他们是隐身于地方、不求闻达、不求功名的高人。

赵魏先生号晋斋，他对金石文字素有研究。家里穷苦，无以为生，总是手抄珍秘图书来换粮食。他所藏的金石碑版为天下第一，连阮元老师的著作也有他校定的功劳。何元锡先生，字梦华，是藏书家，也是金石学家，他的藏书印章有这样一枚，"布衣暖，菜根香，诗书滋味长"。元锡先生有金石癖，曾经病得厉害，朋友把收藏的汉碑送给他，他就像喝了药一样，一下子病就好了。他一旦听说某座山里有残砖断碑，就会想办法前去，不顾荆棘丛林，不顾山涧河谷，一定要找到才了事。有一次他到山里迷路了出不来，幸亏遇到当地的樵夫帮忙指路，他才得以归家。听说这事的人无不笑倒。

在图书收藏和碑帖收藏方面，他们两位都是甘于淡泊的读书人，他们编写的藏书目录和金石目录，流传四十年，受到大家的重视。这样的师友如今逝世多年，我对金石学的研究也心疲力倦，我的《羽琌山金石墨本记》如今也像是长满荆棘的园地，荒废得无人闻问了。（其一七七）

说到我这次回家，我刚离开京城时留赠朋友或同僚的诗已经为人传诵，我人没到杭州，诗先到了杭州。回家乡就听朋友们说起这一"诗先人到"的现象。

我的儿子对佛经话题有兴趣，我的婢女们对行兵布阵的话题有兴趣。这些事实，如果传到家乡，会让父老乡亲们惊怪担心的。

幸好我在出京时吟了些好诗句，传到家乡的就只是我写诗的名声而已。（其一七八）

我在杭州还见到了堂妹粤生。她跟我分别时还是髫龄小孩子，现在已经守寡了。妹婿吴郎（吴癯生），我没有见过其人。粤生拿着他的遗像让我题写几句话，我因此写了一首诗偈。

我的意思是说，吴郎跟我素不相识，我现在来了解吴郎是从画像中看出点儿究竟。其中就有佛法说的假、空和圆满。这就够了。

除此之外，假如容我增添一句话，那就像是在唐代著名的长安含元殿里寻找长安一样，纯属多此一举。（其一七九）

我还凭吊了我的同年黎应南先生。应南先生字见山，是有名的算学家，据说对算学有自己的发现。他是岭南顺德人，任浙江平阳知县，前年在杭州病故。

近百年的科举考试掌故，在应南先生那里如数家珍。他有词说："薄宦读书知已晚，那堪两鬓蓬飞？"算学家们都把他奉为大师，他也当得起这样的尊重，因为他是算学专家李锐的入室弟子，李先生的著作也是由他续成的。

应南先生身负如此奇才，却只能以做一知县告终。他去世的时候，孩子只有七岁。这次我去吊唁的时候，看到他的遗著散落，没有人收拾，真是令人感慨。（其一八〇）

人生的顺境和逆境堪称同门，又堪称同数，因为它们都是我们的身心状态，从我们的身心感受中显现出来；它们又都聚在我们的身心之中，聚在我们的人生道路上。《尚书·大禹谟》中记载大禹的金句："惠迪吉，从逆凶，惟影响。"意思是顺道而行则吉，背道而行则凶，两者的关系如影随形，似响应声，真实不虚。贾谊也说："忧喜聚门兮，吉凶同域。"

至于谋事得当与否，从中是可以看出朋友的本事的。当然，《诗经》有句："谋臧不从，不臧覆用。"谋划妥善的事不做，谋划不妥的反而做了。

陈奂先生，字硕甫，号师竹。他是我外祖父段玉裁先生的弟子。我跟硕甫先生的交情不浅，他到现在只到过北京两次，宁愿生活在南方，对我回南方极为高兴。因为我春天出京匆忙，家属还留在京师，我得回京师一趟接他们。他对我回京师不以为然，说是那个地方有什么可留恋的，能接到家人就可，进不进京城是无所谓的，最好不要进。硕甫先生替我筹划此事，把利害说得明白清楚，足以证明好朋友的感情。硕甫先生筹划时让我怦然心动，我还在纠结反复时，他已经耄然脱口而出："就这么定了。"我也就于九月十五日北上。（其一八一）

这次回乡，我又可以修整我在昆山的羽琈山馆了。山馆在长江东边，我题名叫羽陵，又名羽琈，出自《穆天子传》。我把一些珍贵奇异的图书收藏其中。房子周围还有不少形状崚嶒的石头，那些石头像我的人一样有个性，古人说："凡为文者，必有文章之骨，意象崚嶒。"

我有十年左右的时间没有住羽琈别墅了，十年间，那些松树竹子有谁来看守它们呢？如今我南渡归来，我的房子要焕然一新了。（其一九八）

我别墅的东面有一片竹林，绿荫蔽天，其中生长的竹笋鲜脆可口，害得我这个西邻花了不少钱去买竹笋。

我后来把竹林买了过来，我的别墅就算扩大了地盘。但这不过是像商鞅下令开垦荒地、善加利用一样，我并没有像张骞那样开拓边疆的抱负。（其一九九）

打理这座别墅，颇费了我一番心思。既要有写文章的匠心，有起承转合，又要有画家的色彩感，有空间布局。低矮的山茶花，要安排得密集有韵致；高大的松树，要让它显得孤高挺拔。记住啊，这都是我龚某人亲手种下去的。（其二〇二）

我的西邻徐坍先生，号平山。他的祖坟在邓尉山附近，汉代的邓尉曾在那里隐居，那里长着许多珍贵树木，颜色杂多，或黑里透红，或碧青深绿。我跟他要一点树苗，他答应到邓尉山去给我找。韩湘说："解造逡巡酒，能开顷刻花。"苏轼说："也知不作坚牢玉，无奈能开顷刻花。"我不想要那些易开易落的花树，我要的是将来能够参天倚地、管领风云的树苗。

说到花，我想到邓尉，还有江宁的龙蟠、杭州的西溪等地，都盛产梅花。我买过很多盆梅花，但没有一盆梅花是自然形态的，都让养花人修剪过了。据说梅以曲为美，直则无姿；以欹为美，正则无景；以疏为美，密则无态。文人们这么说，画家们这么画，结果养花人投其所好，梅花全让人折磨得面目全非了。我想，我看到的梅都是病梅啊，时代病了，梅也病了。（其二〇三）

说到花，我想起了京城的鸾枝花。可惜我们南方没有这种花，它的姿态跟海棠相似，枝干欹斜。一般在三月的时候附枝开花,瓣多而圆,色泽深红。还记得我住在宣武门槐市街南下斜街的时候,每到春天,花农们都会上街卖花。朱竹垞有诗:"老去逢春心倍惜,为贪花市住斜街。"我也饱看了很多花,为记载和注解各种花木的文稿,积攒下来也有一小车了吧。（其二〇四）

还有芍药。可惜我们南方没有这种花,要论富艳美丽的情致,芍药花比牡丹花还要煊赫一些。

我还记得,有一次我从紫禁城西门回家的时候,天色还早,我买了一大把芍药,就像把西天的云霞捧在手上。我把芍药送到妻子的梳妆台边,当时连镜子也发出了红霞的光彩。

说到芍药,我还记得有一年愁闷时,我独自坐驴车到丰台游逛,在一片芍药花里借得一处可坐的地方,随便拉一短衣人一起喝酒。我放声高歌,芍药花的花瓣为此掉落。汤海秋（汤鹏）正巧路过,我也拉他一起饮酒,海秋问短衣者何人,我不回答。事后海秋说他以为那人是位侠客,是个世外高人,让我开怀不已。（其二〇五）

当然要说一说京城的海棠。不是说我们南方没有海棠,但北方的海棠比南方的海棠要饱满一些,北肥南瘦,相差两成左右。

北方的海棠红如胭脂，成群结阵，有如结社。南方的海棠要清淡一些，有名的《钱塘苏小歌》说："妾乘油壁车，郎乘青骢马。"南方的海棠就给人这样的印象。我真想把北方的海棠移植到南方来，同南方的海棠交个朋友。

我对海棠的喜爱不亚于梅花。三十岁那年，我跟冯晋渔兄路过城北的废园，看到主人要盖新房，正砍伐园里的花树。我和冯兄请求主人手下留情，把不要的花送给我们，冯兄得到一棵桃树，我得到的就是海棠树。我还作了一首救花偈给冯兄看："因缘指点当如是，救得人间薄命花。"（其二〇六）

还有丁香。我二十岁的时候，喜欢看花，常常计算着时间，最近该有什么花开了。花开有期，真实不虚。丁香花的名字就让人浮想联翩。丁香密集簇生，就像万玉玲珑，交相映照。李璟的名句说："青鸟不传云外信，丁香空结雨中愁。"我还记得那一天，在以丁香出名的红泥寺里，当时正下着细雨，为了看丁香，我的春衣都湿透了。（其二〇七）

我还想到京城丰宜门外的花之寺，就是右安门外的三官庙，那里以海棠出名。一到海棠花开的时候，士大夫们都会选择到那里雅集。据阮元先生说，这是董文恭公（董诰）种的。原来董公当年回浙江富阳家乡，听说国家有事，不敢家居，赶回京城，但到了城外，由于和珅迟迟不奏明皇上，董公只能住在右安门的三官庙里，几个月的时间里以种花消遣，后来三官庙就改名花之寺了。

在不算高大却也有气势的城墙旁边，海棠花一片乱红，繁茂跟城墙相映成趣。董公种下的海棠，跟周代的召伯公的甘棠树一样，都是贤者德行的见证啊。前人栽树，后人享福。我就多次跟朋友们到花之寺看海棠，徐宝善、宋翔凤、包世臣、魏源、端木鹤田等人，都一起赏过花。我还记得在花荫下，跟朋友们雅集的场面。过去十年间寺门南的这些旧事，恍如一场春梦。（其二〇八）

我还记起宣武门内太平湖的丁香花，那跟奕绘贝勒的侧室顾太清有关。顾氏才貌双全，是许尚书母亲的义女，跟很多官员太太，尤其我们杭州籍的家眷，过从甚密。

我在羽琌山馆流连多日，身心已然倦于游宦生涯，还是在梦里重温了京城西面那仙苑中的无边春色。顾氏知道我和太太喜欢花，有一天天色已晚，她派人骑马把花笺带出贝勒府，递给了临风而立、一袭白衣的我。人们说，赠人玫瑰，手有余香。那么，顾氏和我们，这种生活细节里的美好意境，谁能理解呢？（其二〇九）

我还想起了北方的狮子猫，就是所谓的波斯猫，京城的官宦人家多有养的。这种小可爱黏人，聪慧至极。若要论京城让人珍惜的小动物，可能非它莫属了。那些已经没落的贵族人家，即使没有钟鸣鼎食的排场，即使自己吃喝从简，但狮子猫的早餐还是要有两寸左右长的小鱼。（其二一〇）

在乡居期间，经常看到一片绿树林里幽静无人，只听到偶尔会有一声蝉鸣。我在三层楼上俯视大地景色，秋天的烟景也是大块文章啊。我准备把自己的三千卷文章诗词全部誊写清楚，成为一个清本，分藏于朋友家。这样我就可以安心地观赏湖光山色，我愿意用五十年的时间来看山看水。（其二一一）

传说中的息壤是可以生长的土地，我的羽琴山馆也是我的息壤，是给我灵感和想象力的地方，更是我的休憩之地。三层楼高，拾级而上。明年我就可以在楼顶上俯看千树梅花，那时，看花人在下面看梅花中的楼阁和我，或许会误认为我就像那飘在天上的仙人一样。（其二一二）

我的阁楼上还供奉了天台智者大师像，那是最合适不过了。檀香木是阮公（阮元先生）送给我的，三尺檀香佛像由工匠名家雕刻而成。要问佛像两边的字是谁的手笔，那正是写得一手萧梁碑体的徐公（徐问蘧先生）。他为我写的匾名是：观不思议境。他书写的楹联是：智周万物而无所思，言

满天下而未尝议。（其二一三）

我家的儿女，男儿能读解韩愈的诗，女儿喜欢姜夔的词，一个是儒家道统的正宗，一个是诗家清高的词宗。我的家人还滞留在北方。郭麟（号频伽）先生画了《鸥梦圆图》，我也想仿效他发愿，如果命运许我一家团圆，我愿意早晚督导儿女们用功读书。（其二一四）

这一年的年成不好，有人想把自己的六亩土地出售。我很想得到这块田地，有朋友听说了，来问这个事。

是的，如果命运容许我在半耕半读的生涯里终老一生，那么我就可以不用接受做官至公卿大夫的那些朋友寄赠的俸禄钱了。这件买地的事确实是想瞒着你做的，你知道了心里一定会笑话我：像我龚某人这样有刘郎才气的人，居然也会做一些求田问舍的事啊。（其二一五）

上海的徐渭仁先生，字文台，是一位风雅之士，他收藏多，精于鉴别。最近他得到了汉代宫廷的雁足灯，灯铭有六十多字，徐先生把灯铭的拓本给我寄了一份，请求我为此写一首诗。其实我收藏的东西多已散掉，在我的《羽琌山典宝记》中有记载的，只剩下一两成了。

我已经没有收藏古铜器的嗜好了，曾经的习惯爱好消沉得一如虚无。正如《尚书序》提到的《典宝》这篇文章,在古文中早已失传一样,我那些古董也都星散不存了。但徐先生让我想到南朝陈的徐陵,他因为替皇帝给北国起草了一封答信,皇帝赏赐了他一个灯烛盘。徐先生得到的汉宫雁足灯,在它出土时还有着绿色的铜锈。我祝愿他的收获,就像当年的灯烛照着徐陵先生读《汉书》一样,雁足灯和徐先生相得益彰啊。(其二一六)

往日跟吴虹生在一起饮酒,酒到半酣时,我曾高咏宋人词句。我的嗓子并不好,但虹生很欣赏,说是我的吟咏顿挫有致。近来醉酒多,嗓子大坏,我已经不能吟咏了。

吟咏诗词是一种很好的经验,它能使人提气,使人荡气回肠,甚至能够使周围的精灵有所感动。客人们在半醉半醒的时候,听到我的吟咏,也会若受提撕,看见苍凉的意境,更难得的是有虹生那样的知音欣赏。酒酣耳热之际,纵情朗吟,心中的块垒就此消解,我不惜以名贵的珊瑚敲打酒壶当节拍,只求知音共鸣,即使珊瑚碎了,我也无怨无悔。

李白有诗:"余亦能高咏,斯人不可闻。"是的,自从我跟吴郎分别后,我的吟咏就少多了。这并不奇怪,即使打碎了珊瑚,又有谁来欣赏我的吟咏呢?(其二一七)

我随身携带的书信,上百封都是报平安的家信;人生在世，要想平安谈何容易，大概个人生活最宽心的是劳力者吧，像屠夫和垂钓者。也许真正的贤者在他们中间，杜甫有诗："贤多隐屠钓，王肯载同归。"

如果有可能，我宁愿像民众一样做一个自食其力者。宋朝的官员们，做了赵家人后就作威作福，辞官后还赖着把自己当赵家人，向官家（皇帝）乞求祠官的待遇，这种事我是耻于仿效的。在我看来，在人情亲情之"平安"二字面前，赵家人的作态已经丧失了正常的人性。（其二一八）

说到人身上的业力，我自己也有啊。史书记载，南朝齐的周颙和何胤两人都信佛，周有妻子，但他宁愿一个人山居；何也信佛，但很喜欢吃肉，想改也只是不吃大肉，仍吃鱼虾海鲜一类。有人问周颙："你跟何胤相比如何？"周说："佛法所说的三途八难一类，我们都在所难免，当然我们也各有其累。"至于两人各累什么，答案是：周妻、何肉。

周颙说的人生之累，对娶妻又吃肉的我来说，确实是很深的业力。我有时候只能万幸自己修习了天台宗，知道前人走过的道路。在人生的岁月里，忙里偷闲，我的方法还是有别于凡夫俗子的小乘法。我有相当的内观经验，比如说观流水、观池塘、观心，是的，要观看自己的内心。（其二一九）

我的朋友陆献先生，他是南宋名臣陆秀夫的后裔，江苏丹徒人。他曾经写过一部有关种树的书，大意是说天下最大的利益一定是来自土地的贡献，司马迁所谓的"货殖"更应该是"货植"，如果一人有十亩土地，就不会穷到哪里去。当年我还曾经为陆献先生的书写过序言，为之介绍。

从上古时候起，圣王们就根据土地上的物产，定出民众交纳贡税的种类和份额。《禹贡》中说："禹别九州，随山浚川，任土作贡。"如今我拥有三十七亩山地，仅其出产的树材就已经很多了。古人把土地神叫媪神，也许连媪神都会开我的玩笑，说我有这些山地做保证，再不会贫穷，丹徒陆献的书是实用之书啊。（其二二〇）

在我的羽琌山馆西墙边上，有一株枣树已经枯死了，但我一直不忍把它砍伐。这棵枯掉的树极为耐看，它的枝干交错纵横，姿态倔强。它有一种奇古之气，全靠一条像巨臂一样的枝干撑向空中。

南北朝时期的大文人庾信（字兰成），一生坎坷，他写过《枯树赋》，其中有名句"此树婆娑，生意尽矣"和"树犹如此，人何以堪"。杜甫称赞说："庾信平生最萧瑟，暮年诗赋动江关。"但在我看来，一个有壮烈情怀的人，到了晚年应该皈依宇宙大道，如果像庾兰成那样，只是吟咏凄凉的辞赋文字，那未免太遗憾甚至可笑了。（其二二一）

离九九重阳节还有三天的夜里，突然想起前年，也就是丁酉年的重阳节，我在京城跟徐星伯前辈、同年好友吴虹生等一起，骑马游西山的宝藏寺。宝藏寺在万寿山西边一点，离城虽远，但寺庙里的桂花也是京城一景，跟极乐寺的海棠、枣花寺的牡丹、丰台的芍药、什刹海的荷花有得一比；尤其是天气好的时候，骑行到宝藏寺看桂花的人不绝于道路。

是的，秋天的风景就像春光一样，明媚得引人入胜。重阳时节，在酒席上都闻得到花草和花树的香气。前年游宝藏寺，傍晚回家路上遇到一场秋雨，惹得吴虹生对老天爷很是抱怨了一番。

不知道吴虹生此时可记得往日的时光？我为此写诗，诗写完了，老天爷突然开始下雨了。（其二二二）

我别墅的一花一木似乎笑我长年不在家里，现在我回来了，它们争相开放，不怕时节寒冷，仍展现了蓬勃的生机。它们好像在夸耀自己是有晚节的。

已经到深秋了，荷花的蓓蕾没有陨落，桂花还在不断开放。（其二二三）

苏轼有诗，"芦菔生儿芥有孙"，意思是，萝卜生了儿子，芥菜也养了孙子。我别墅的菜地正是如此长势喜人，萝卜和芥菜，在深秋黄昏散乱的冷雨里，仍伸展了叶子安然生长。如同村夫野老，世道再糟，仍要安稳地过自己的日子。

而在前山，有野火焚烧树木的痕迹。存活下来的青松，眼睁睁地看着同类的结局，它也许仍想跟风雨战斗，它仍然坚挺不拔，但这种心事在同类的结局和萝卜、芥菜的命运面前，也许有些无聊了。_{（其二二四）}

在远离烦嚣的山间别墅，我一次次地倾听自己的内心。陆龟蒙有诗："万籁既无声，澄明但心听。"庄子更是借孔子之口说过，摒除杂念，专一心思，不用耳去听而用心去领悟，不用心去领悟而用凝寂虚无的意境去感应！秋天删繁就简，我坐在室内，蜡烛在燃烧，我独自倾听内心的声音。

这个时候，天地间安静极了，任何响动都会为我把握。隔帘人的声音就听得清清楚楚，不知道是谁在说，雨下得大极了，明天早上就不要到溪边去了，小溪上的木桥都浸在水里一尺深了。_{（其二二五）}

佛教天台宗有三观之说，空观、假观、中观即第一观，简单地说，由世俗常识进入宗教认知算是空观，不执于空进入由宗教认知笼罩下的世俗常识算是假观，不执于空也不执为假，则是中观。如果说佛法言说为真谛，则世俗看法为世谛；真谛以客观世界为假为空，世谛以客观世界为真为实，两者泾渭分明,不可以混为一谈。

人生在世,虽然过去心不可得,现在心不可得,未来心不可得,但我们依然能够如实知见,依然能够把握前世、今生和来世。是的,人生的去、来、今三者宛然存在,就像现在我在秋天的半夜里,卧床听见屋檐下的声音。杜甫说:"清夜沉沉动春酌,灯前细雨檐花落。"是的,我听见的是檐雨,还是檐花?听者是我,还是杜甫,还是前世的我?这不宛然是人生的去、来、今吗?(其二二六)

我别墅所在的地方,并没有特别的山水,说残山剩水不为过。辛弃疾有词说:"剩水残山无态度,被疏梅料理成风月。"我倒不觉得我这里的山水没有态度,反而觉得它们的意态深远。只是我平生游山玩水的机会不多,像晋朝阮孚那么喜欢登山,对人感叹,不知道他一生能穿多少双登山鞋,我是没有几双登山鞋的。

相比而言,我还是喜欢花。我不仅躬自种花,还郑重地同花约定看它的日期。刘禹锡有名诗:"玄都观里桃千树,尽是刘郎去后栽。"他如此说,说明他也愿意亲自栽种花草啊。对我来说,种花、看花,是我人到晚年的一点心事了。(其二二七)

我回到别墅以后,花费了不少时间料理别墅,恢复原貌、开拓地盘、祈福许愿等。等事情告一段落，我又将启程北行，目的是接家人回到南方，回到料理好的别墅里。

宋代的林逋，也曾在我们杭州西湖隐居，他孤身一人，种梅花养白鹤，人称梅妻鹤子。真要有隐士精神是不容易的。东汉的隐士王霸自称"天子有所不臣，诸侯有所不友"。他的朋友令狐子伯是大官，有一次子伯叫也在做官的儿子带信去问候王霸。子伯的儿子气宇轩昂，王霸的儿子见了羞愧得不敢抬头，以至于王霸也为儿子脸红了。

我也隐居，但怕像林逋那样过着孤独的生活，我得把妻子接过来。我也有儿子，我的儿子有志气，我不至于像王霸那样脸红。有他们的支持，我的隐居岁月一定会安稳得多。（其二二八）

安徽泾县的包世臣（字慎伯）先生赠我《瘗鹤铭》，他是大书法家，认为这种书体开启了颜体字的先河。

九月十一日，羽琌山馆下雨，我信手在这部书法名作后写了一首诗。尽管众说纷纭，难有定论，我却认为这部作品是华阳真人陶弘景先生（号华阳隐居）的作品。

我龚某人酷爱书法，却因为少时失误，写不了一手好字。很多不学无术的人就是因为会一手中规中矩的字得到机会，我因为字不好丧失了很多机会，我的事业理想也多少受到了影响。从今以后，我立誓，要学习六朝人的书法，我不学山阴王羲之的书法，我要学习陶弘景先生的书法。

对千万年的焦山来说，有一小片石头刻下《瘗鹤铭》这部作品，恐怕这片石头就是焦山最宝贵的了。我有了这部书法作品来学习，就像求仙学道者想白日飞升成仙一样，我也成功有望，而这部作品就是入门的方法。（其二二九）

我意犹未尽，又在《瘗鹤铭》后题写一诗。这部被黄庭坚称为"大字之祖"的书法作品，在我看来，王羲之、王献之父子的书法，只能做它的奴仆，更不用说那八百种唐人写的碑文书法了。

如果有哪一部作品可以跟《瘗鹤铭》分一分浩逸之气的话，只有北朝郑道昭书写的《郑文公碑》勉强能够入选。（其二三〇）

历史学家班固在《汉书·艺文志》里记载说先秦的学术流派有十个学派，他把小说家排除在外，只称九流。我最初接触先秦的九个学术流派，觉得它们头绪纷繁，纵横交错，彼此影响。当我动极思静，大半生折腾不定，到老了在几席前坐下来的时候，突然有了师旷说的"炳烛"心情。师旷说："少而好学，如日出之阳；壮而好学，如日中之光；老而好学，如炳烛之明。"人生苦短，我确实应该抓紧时间对先秦学术进行深入研究啊。

《淮南子》里记载说，鲁阳公与韩国结仇交战，战斗进行得难解难分、太阳西沉之时，鲁阳公挥戈大喝，太阳竟为之退避三舍。我神往那种精诚感天的壮举，对我来说，如果真有鲁戈在手，我只求太阳回升以照明我的书城。^{（其二三一）}

说到感应、特异的现象，我春夏之际离开京城时，写过"来叩空山夜雨门"的诗句，现在九月深秋，果然应验了。自淮河以南，南方千里苦雨。

诗人写诗成为能够预言未来的诗谶，我一生实在是见证多了。我出京时想象自己的隐居生活，在闭门高卧时会听到夜间的风雨。现在夜已三更，秋雨仍重，我忽然想到贫苦的百姓。《诗经》里说："鸿雁于飞，哀鸣嗷嗷。"《诗经》里还说，一个有人情味、治理得有序的社会，在七月看见大火星西沉的时候就要有所准备，这样到了九月深秋时节就要让百姓能够添衣、能够取暖。但我知道，我们今天的同胞还没有享受到这样的福祉，那些流离失所的人，他们在淮河边上，在九月天气里还没有取暖的衣袄。^{（其二三二）}

郑文公的小妾燕姞梦见有人送她一支兰花，后来生了儿子就叫兰。古人把自己的儿子称为"燕兰"，对我来说，燕兰已经识字，人还聪明。想起儿子，我已经年迈迟暮的感觉就难以排遣。

那么,我就不要老是待在屋子里,只是听空山夜雨入神了。在我这样陷入伤感的时候,有人正在花树下祝愿亲人健康长寿啊。（其二三三）

［传记］

卷六 东山苍生

经常听见说，有人在议论我了。或说我不做正事、不忠不孝啦，或说我过不了正常生活啦，或说我玩物丧志、离不开风月生活啦。唉，幸亏我听得太多，我有自知之明，否则真被那些议论牵着鼻子走了。

我想起有名的淝水大战，那是关乎晋朝国运的标志性事件。雄才大略的苻坚率近九十万大军，征伐东晋，东晋的谢安只派得出谢玄、谢石带领的八万军队。史书说："玄等既破坚，有驿书至，安方对客围棋，看书既竟，便摄放床上，了无喜色，棋如故。客问之，徐答曰：'小儿辈遂已破贼。'"谢安面上了无喜色，内心却汹涌激荡，以至于回到内室才发觉穿的鞋子都被门槛绊折了。古人评论他说："其矫情镇物如此。"

我欣赏这位贤良大人的风采。这么重要的战争都胜利了，是该大喜，谢安却"矫情镇物"，控制了自己，也镇住了得胜者的冲动。得胜者需要有所控制，否则就会狂妄自大，以为自己一胜百胜，擅长用兵，无往不胜。在谢安那里,哪里容许小辈们这样对待兵事呢?谢安能够如此,是跟他的胸怀见识有关。他隐居东山的时候,经常带着歌妓游山玩水,有人说:"安石不出,如苍生何?"

千年之下,我来做谢安石的知音。我另有狂言要告诉那些所谓的时贤,东山的歌妓就是天下苍生!其实当时就有谢安的知音在。《世说新语》中说,谢公在东山畜妓,简文帝曰:"安石必出。既与人同乐,亦不得不与人同忧。"(其一二六)

史书记载说司马相如的文章能使皇帝飘飘然有凌云之概,这种官家的生涯我也偶然经历过了。陶渊明辞官归去,说是鸟倦飞而知还,我也偶感倦飞,对做官不感兴趣。

李白说:"久辞荣禄遂初衣。"真的脱掉官服了,跟官场告别,偶然间,心闲下来,原来自家的衣服才是真正好看、耐看的,真正能护身、容身的。

在外人看来,一个人的行为似乎都显得偶然,他本来可以走另一条路,做另一种选择,他偶然的行为开启了不同的局面。但一切都是我们心性的必然方向,只是我们多半愿意把这一切看作偶然。

我辞官之后,在风月场上也偶然遇到陪伴的女孩子问:"做官多好啊,做官多简单啊,坐在那里就是威风、威福、享受。"我就随口回答说:"不,我和春天有个约会,我要寻找人生的春天,就是为了找到你才辞官归隐啊。"(其一三五)

小云篇

《世说新语》中有故事说,深受大司马桓温宠信的王珣和郗超两人"能令公喜,能令公怒"。说到人心人情的起伏,说到女人的解语,我在扬州见过的风尘女子小云浮现在眼前。

我跟小云见面时,是初弦月的初三那天,跟小云分手时是上弦月的初八那天。几天相处下来,我们非常投缘。王献之以书法名世,他欣赏羊欣,在羊欣的衣裙上写满了字。我也喜欢小云的聪明灵巧,差点儿给她的杏黄裙写满了字。(其九九)

小云太善解人意了,她知我旅途疲劳,几次服侍我熏香沐浴。

让我想到古人的三薰三沐。韩愈曾说:"方将坐足下三浴而三熏之,听仆之所为,少安无躁。"元好问说:"三沐三薰知有待,一鸣一息定谁先。黄尘憔悴无人识,今在长安若个边。"

但我也明白,温柔乡是不能长久的,我只能悬崖勒马,跟小云依依惜别。就像西晋时期做过河阳令的潘岳对自己生白发敏感一样,我也应该有自知之明,我是一个年近半百的人了。

小云要我确定再见面的日子，我笑指镜中的白发，不肯约定来日，以免耽误了小云的青春。（其一〇〇）

小云的名气很大。我的一个朋友，算得上是一个高官，也跑到扬州要见小云，结果小云不愿意见他，让他三次吃了闭门羹。

我为此写诗劝老朋友。

真正的美人，其才情格调是真正自由奔放，不羁而任性的。我曾在聚会时当场见识了小云何以盛名在外。小云虽是风尘女子，却自有她的心性和风骨，她有自己的底线、尊严，不想取媚公卿。听到你老兄吃闭门羹的事，我还是要笑着劝你，就当自己输了一着吧。（其一〇一）

秋天，再从扬州经过，我趁便见了小云一次。

我们还是那样互有好感。她的丝织手帕被欢喜的泪水打湿，洗好后晾在放镜子的架子上。她的妆凌乱了，只好午后重新打扮。

我心里迅速涌起诗句，记下我们的销魂情景，其时她化妆时洗脸的热水都让我感慨。这个美丽热情的女子，沦落风尘，慰藉了风尘中的过客。（其二四〇）

我二十来岁的时候，写过一篇《尊隐》的文章，那是大文、高文啊。我指出，时代已经转入衰世，一切美好的事物都已经从主流社会转向"山中"。

《抱朴子》说周代的穆王南征的时候，有一支军队上演了一场变形记，化为非人。军队中的君子"为猿为鹤"，小人们"为虫为沙"。我相信，当代隐居在山中的猿鹤们，那些真正有人格魅力的君子真的可以建立起一支队伍，甚至他们每个人就活得像一支队伍。《易经》中说："君子之道，或出或处，或默或语。"他们都可以把握好自己的出处。

但当小云跟我商量她的出处问题时，我一下子蒙了。我一向自负熟知前贤往识，但女子的出处问题，还真是很难在历史上找到什么例子。（其二四一）

小云一定是把我当成有资源、有办法的靠山了，我其实并没有什么能力帮她。杜牧有诗："十年一觉扬州梦，赢得青楼薄倖名。"话说回来，谁愿意甘心背负薄幸的名声呢？像我这样，在南方不断地坐船漂泊，在北国总是骑马奔走，劳碌奔波，只能怨自己的命运不好。

但我的心思无法跟小云辩白。劳苦者只有佛祖才能谅解，哪里能向如花的美人解释清楚呢？（其二四二）

原谅我的凉薄吧，原谅我的不负责任。相见时难别亦难，我怕听到小云惜别的话，她的热情、希望和失望、温暖和伤心都会让我无言以对，让我如同罪人。

我趁她不在的时候，跟她的侍女留下一句话，假说自己会再来看她，我就溜之大吉了。

我坐着航船，离开长江已经相当远了，快到高邮时，我打起了喷嚏。一定是小云发现我不辞而别幽怨不已，此时的她一定是剔着蜡烛的灯花，骂我狠心了。（其二四三）

杭州云英篇

西晋的张翰，在做官期间，不愿卷入官场斗争。他看见秋风起，思念江南的莼羹、鲈鱼等美食，找到理由辞官归隐。他走得那么决然潇洒，我的归程归期却一再耽搁。我对家园的相思像红豆一样年复一年地生长，却也无奈地年复一年地空耗了时光。

这让我记起十三年前的事，她在杭州病逝。十一个月后我才回杭州，有机会跟她了结心事。

贾岛有诗："闽国扬帆去，蟾蜍亏复圆。"蟾圆满月一次时间不长，但我回杭州跟她团聚的日子一误再误。如果我早十一个月回乡，不就可以见她最后一面，于她于我不都圆满了吗？（其一八二）

当时那揪心的消息，让人举手捶胸顿足的消息，经过长江、淮河，传到京城。在传递消息的客人面前，我止不住滔滔泪水，只能在客人不注意时揩拭一下。

西汉著名的歌手李延年的妹妹入宫受宠，她去世后，汉武帝思念不已。李延年曾经歌唱："宁不知倾城与倾国，佳人难再得。"这可以说是汉武帝的千古知音啊，人的美好不正在于不可重复、不可再得吗？（其一八三）

我想起她居住的小楼，在杭州城南，正对着青苍的凤凰山。我还记得，凤凰山的山影就像徘徊在她的双眉黛影之间。是的，山如她的双眉，而她的黛眉又如远山。

我想象在她的窗前，如今只剩下一个镜匣。这面镜子正是佛法的隐喻。佛经说过，佛为万法之王，又名空王。佛法称道一个人的慧心如镜，遇物照物，无不清楚。佛教史上，神秀大师说过，心如明镜台。那面镜子正是空王来实证我头上的丝丝白发。是的，她已经长眠不醒，白发斑斑的我还有多少日子可以过活呢？（其一八四）

她的温柔善良有目共睹，在她年少的时候，她的美好品质就在亲人中流传开来。有的人是取恶六亲，她可是人人喜欢。那些亲人，她的姑姨姐妹们，同样个个不俗，如兰似玉，听到她去世的消息，都伤心得泪流不已。

阮瑀有诗："冥冥九泉室,漫漫长夜台。"我曾被人目为狂生,我不知道,她在九泉之下能接受我这个狂生的赞美吗?

历史上,曹丕的妃子薛灵芸是穿针引线的大家,据说不点灯她也能很快把针线活做好,被人称为针神。还有大才子曹植,把洛水之神的容貌描绘得明艳不可方物。但在我这个狂生眼里,表妹的手艺才堪称针神,而她的容貌一如洛神。(其一八五)

宋代仁宗在其郭皇后去世后,念其遗徽,仍伤感不已。我当时回杭州,见到她的母亲,她母亲就提起她生前给人留下的美好印象。她母亲还说,去年秋天,她在病中,一直盼望我能回去见上一面。

她曾想给我寄几件东西,因为没有找到一个寄东西的由头而拖延作罢。见到她母亲之后,由她母亲代为补赠,那几件东西都是她亲手绣的,一条汗巾、一个钞袋和一只枕套。(其一八六)

唐代的罗隐曾给一位名叫云英的才女写诗:"我未成名英未嫁,可能俱是不如人。"相比较之下,我算是早有狂名了,但她还没有出嫁就在如花的年纪消殒了,我和她的情缘算是什么呢?她的心事曾通过她母亲传递给我,她母亲说,她允许我在她坟前陪伴她，跟她说说心里话。

一直有人说人其实有三生，如是，我跟她的情分也会贯穿三生吧。那么，我和她此生的坎坷艰难，是否已经偿还了三生的幽怨，在来生可以开花结实？（其一八七）

七月十五日被称为中元节，又称为鬼节，还被称为兰盆节、盂兰盆节。杭州人过兰盆节的习俗非常热闹，不仅家家户户都会祭祀祖先，安抚野鬼孤魂，就是商会、社会贤达都要出面组织活动，在寺庙、道观里请和尚道士设坛念经，拯济孤魂，耗费三五天是常事，至于消耗的冥钱更不计其数，以至于有人说人穷鬼富。在那几天，消耗的蜡烛，使用的金色的香炉，还有和尚们念经梵唱的声音，等等，非常繁富，令人挥之不去。

说实话，这种形式上的安抚，我们个人要在心里重视才好。她走得太无常，她活得太寂寞，她母亲因此烧香拜佛，祈求她的灵魂得以安息。如果我认真地持诵天台宗的三字偈，也许胜过她母亲礼拜和尚的做法吧。（其一八八）

她平时刺绣的物品还有很多，我看到残留的丝线、布头、绒布等堆积在绣窗间。她那几个聪慧的婢女见到我，在一旁窃窃私语，商量说要把她的指环送给我作为纪念。

唐代的崔徽跟裴敬中相恋，崔徽不能同行，就让人把自己的肖像画送给裴敬中。后来的史达祖写词说:"记取崔徽模样,归来暗写。"对啊,我不想要她的指环,我只求把她的遗像请走,那样我就可以重新临摹一幅,放在自己的屋子里供奉起来。^(其一八九)

李华的名句是:"吊祭不至,精魂何依。"我当年给她写过诗,那么她的灵魂就留在诗卷里了。当年跟她在西湖边游玩,真是称得上青春狂放。这一次我揩干眼泪,到西湖边再走一次,算是勉强续上当年的游兴。

旧地重游,只剩下她的一个小婢,穿着一件绣有荷花的衣衫,跟我一同去。我们坐的小轿子像那时一样,仍从涌金门穿过,就是从杭州的西门前往西湖。^(其一九〇)

我曾经送给她一枚有着盘龙纽的印章,雕工镂刻精细,上面有红珊瑚似的美丽花纹。至于那上面的"高华"小字,是我给她取的别号,出自《汉书》。古人说一个人"清操过人""才地高华",拥有了美貌和才思的她不正是既高雅又华贵吗?

当然,这只是我信手写下来送给她的。我用六朝碑版文字的格式,不知道是否适合拿来刻印?^(其一九一)

西湖边有著名的花神祠和水仙祠,我想考订它们的源流,惭愧一直没有着手,至今不知道它们的来历。

要做的事太多了。在美丽的西湖边,我想到逝去的美丽的灵魂,考据工作还有什么意义呢?我不如只在西泠桥边添一块石刻,用骈文写一篇纪念那个美丽女郎的碑文。说不定年深岁久,后人围绕碑文会编织出美丽的传说,在花神、水仙之外,多一个纪念或游览观光的景点?(其一九二)

我还记得,她的婢女说话带着浓重的南方口音,就是北方说的南蛮话。虽然没有阅历,但说起女主人来仍不断流泪,她的深情不断染湿了秋衫。

俗话说,相处日久,神情相貌也会接近。是的,婢女的眉黛之间也是弯弯的,跟她的女主人相像。看得出来,她的言谈举止也受女主人的影响,学会了女主人不少的东西,但如古人说,"举止羞涩,终不似真",这就是所谓的"婢学夫人",婢女真想拥有女主人那样的神态可说是难上加难。(其一九三)

我相信,她那美丽的灵魂是完美无缺的。古人说一个人钟灵毓秀,把大地山川的精华夺走了。我相信,她的夭逝,使得杭州湖山的灵秀之气恢复还原了。

是的,再也见不到这样的女子了。熏炉里的香残了,瓶子里的花也枯萎凋谢了。是的,即使来生有机会再见,恐怕

也是难上加难了吧。(其一九四)

我不清楚，命运给过她什么福泽。在外人看来，她不是什么福泽也没有享受过吗？而她的一生一死都在杭州湖光山色最繁盛的年代。湖山是热闹的，她的生却是寂寞的，死也是寂寞的。

她走得干干净净，她的冰雪聪明没有留下半点痕迹，她的风采灵气也杳然不见。据说，在设坛给她招魂时，她也没有出现，像别的逝者那样会来写下诗文。她就这样在这个世界上永远消失了。(其一九五)

如今，她长眠地下已经有十三年了。十三年来，她坟边的溪花红了又红。至于每天的暮鼓晨钟，西溪边听到的寺庙钟声，早晚敲响一百零八下，把十二个月、二十四节气、七十二物候都一一敲过。

你在这样的日子里看尽沧桑，这样的日子过于孤苦，你的人生过于短促。我们当地的方言，在称你、我、他时会加一个"侬"字，你侬我侬。元好问有诗："造物若留残喘在，我侬试舞你侬看。"是啊，你的生命、你的日子，跟别人没有关系，但跟我有关。(其一九六)

唉，一百零八下西溪边的晨钟暮鼓，一十三度谢了再开、开了再谢的溪花。你们见证了她的孤苦。花朵既是安慰，又是遗忘。钟声既是招魂，又是安魂，破除烦恼。

是的，当我还纠结在跟你的恩恩怨怨之中，纠结在跟你的爱不得、死别离之中，你已超越了人间的恩怨、世间的性相。就连专讲灵异感应故事的《冥祥记》里，恐怕也难觅你的魂魄了。（其一九七）

灵箫篇

这次经过清江浦，还有一个意外收获，就是认识了美女灵箫。在饭局上，大家吟诗作赋，诗的韵脚由抽签来定。我抽到的韵字是箫。为此敬献三首诗。

唉，浩瀚宇宙的东南方寂寞很久了，佛经中甄陀罗是一种似人似神的存在，那么，眼前的风尘女子灵箫就像是这样亦人亦神的存在。

她的箫声在水上徘徊，似乎要慢慢地渡过淮水，我的心魂似乎也跟着她的声音走掉了，要招魂恐怕也得像传说的七天才成。（其九五）

少年时期，我既能舞剑，又能吹箫。还记得我的诗词："怨去吹箫，狂来说剑，两样消魂味。""绝域从军计惘然，东南幽恨满词笺。一箫一剑平生意,负尽狂名十五年。""来何汹涌须挥剑,去尚缠绵可付箫。""气寒西北何人剑,声满东南几处箫。"

如今我的剑气啊,箫心啊,都消失得无影无踪。

谁能想到,我怀着苍凉的心绪南归故乡之际,人生的万千哀乐突然在今朝聚首,令人百感交集。_(其九六)

佛经中有名的天花故事说,菩萨为弟子讲经的时候,有天女出现,在菩萨与弟子之间遍撒鲜花,落在菩萨身上的花全掉在地上,落在弟子身上的花却像粘在他们身上了,弟子们用神力也无法使它们掉落。天女说出此中缘由:"观诸菩萨华不著者,已断一切分别想故。……结习未尽,华著身耳。结习尽者,华不著也。"

显然,我是结习未尽者。天花落在我的衣衫上,我难以把它抖落掉。我惭愧自己学佛修道的声闻功夫不够,超脱不了。虽然如此,我仍然以自己的不能免俗为傲,无情未必真的解脱,我遇到了灵箫,就像是在这个寂寞的世界上获得了安慰。

将来的史书上要劳烦写作者们给我捎上一笔:龚定庵这个人四十八岁时遇到了灵箫。_(其九七)

遇见灵箫的第二天早上,我又写诗送给灵箫。

灵箫的一句话就像是天上降下的恩惠，就算在漫长的人生里经过如微尘那么多的劫难，乃至劫难化为微尘，我仍然不会忘记世间有过灵性的存在。

据说佛家修炼，有初禅、二禅、三禅、四禅之分。守住自己的清静之心，不生烦恼，即为修初禅。我遇到如花影的色相，明白自己仍只是在初禅的门前打转。在午夜梦回之后，我写诗送给灵箫。如果我们随此凡心情欲生活，我们跟佛法的缘分就断绝了；如果我们去离一切诸相，我们就跟灵性的生命违背了。（其九八）

在修整羽琌别墅之后，我突然想起了灵箫。

有了这样好的房子，水清、竹秀、山灵，就缺一个女子来相衬托。想起来，灵箫是合适生活在这有灵气的山水之间的，只是我的用意微妙深远，像林中小路一样，像青春少女的身段和步伐一样，窈窕曲折。

我的别墅所在的山川风景独一无二，把灵箫安置在这里，算得上人和地相称。想到西汉的张敞为妻子画眉的事，惭愧我还没有一支拙笔替灵箫画眉。（其二〇〇）

我的别墅开始兴建的时候，当地还一片荒凉，就像是《春秋》在据乱世之中作出来的一样。古人说，人间有据乱世、升平世、太平世，我的别墅是否进入了升平、太平时代,看看那些松树、竹子长得如何就清楚了。

我的别墅修整好了,以什么来增加它的文采风流呢?我的诗兴,我的箫,我与灵箫双宿双飞,我携着灵箫的手飞上高阁,饱看山川大地。(其二〇一)

自九月二十五日,我再次来到袁浦时,除了跟堂弟把酒言欢,也有机会跟灵箫在一起。到十月六日渡河北上,我在袁浦住了十天,这十天大多是醉梦时多,而清醒时少。

灵箫再次提出要我为她脱籍,摆脱青楼女子的身份,做回良家女子。看到她年轻美丽,温婉可人,轻启朱唇,露出洁白的小牙,听到她说出脱籍的话题,我真是伤心啊。

我既为自己的无能羞愧,真情来到时又不免有些自卑。灵箫是牡丹那样的美好,天香绝色,繁华富艳,她应该盛开在暖春之际,岂能埋没成为梅花处士的妻子?(其二四五)

是的,我也有过跟灵箫双栖双宿的梦,但真跟她在一起时,我只能谢绝她、祝福她了。我只能跟灵箫说:"你应付人的才情格调像飞仙一样,瞻之在前,忽焉在后;你的口才伶俐又有华彩,周围的人都交口称赞,传扬你的名声。我想,东南地区的繁华气象需要你来支撑,西施当年功成身退,跟范蠡一起归隐五湖,你还没到隐退的时候。"(其二四六)

在相识的女子中,灵箫尤其能给我感动。她的话语就像是骑鹤的仙人所说的话,她从天上落下来的片言只语,能够使死去已久的落花的魂魄苏醒过来。灵箫缠绵的情话如天边飘来的彩云令人销魂,令我枯寂衰老的心逢春吐绿。

奔波南北,我的衣衫很难沾染寻常的泪水;但想到灵箫,我不禁潸然泪下。这大概是我注定的情缘,劫数难逃,这也许是我平生未能报答的恩惠啊。(其二四七)

灵箫的声音在我听来精微而圆润,再听她的窃窃私语,恍如泉水飞溅的珠玉。听她说一番话,心上像被温暖芳香洗礼一次,明天照照镜子,里面一定是一个青春少年。(其二四八)

灵箫待我实在情深义重,每次招待我时,根本不须等到饭后客人走光。她已经在床前燃起红色蜡烛,给我倒上一杯清酒,陪我谈天。时间晚了,她的小姐妹们隔花催着客人离开,她还手抓罗带不舍得开门。(其二四九)

这一天是立冬,节气让我倍加注意眼前人的风采。上次离开清江浦的时候,灵箫的头上还簪着栀子花。四个月过去,先后经过了掐菊花、梅花装扮的时节。谁想到天气寒冷、草木凋谢之后,我们又在小屏风旁边,点起红蜡烛,絮絮地倾情诉说?这真是我"水驿寻灯、山程倚辔"旅途上难

得的温暖和安逸。（其二五〇）

果盘里堆着经霜擘裂的石榴，果实红绿相间。红色如同我们的相思，绿色如同我们的哀愁。

如果按道家的说法，今夜是什么日子呢？应该是一个上清的节日，因为灵箫没有忘记设斋祭祀。庄子说过，这类仪式，"疏瀹而心，澡雪而精神"。（其二五一）

在灵箫面前，我那些叱咤风云的才智已经消磨掉了。我甘愿跟在她身边，伺候她的起居。

灵箫怕我消失了精锐勇猛的志气，在梳洗的时候，她会卷起帘子，远望黄河。（其二五二）

佛经把大地神女称为坚牢，坚牢也是一种树的别称。在我看来，灵箫就是玉树坚牢，她有豪情，不是那种体弱多病的美人。一些人以女人的娇喘和轻颦为美，但灵箫耻于如此作态。像她这样的天花岂能用铃铛和旗子来保护，她的生动、鲜活可以流传五百年。（其二五三）

我是如此欣赏灵箫。古人说，一个时代的斯文不坠，一定是有英绝的领袖在维系着。在我看来，她的眉宇间都有一种英绝的气息，说话干净利落，劲气十足如松下起风。她安排小婢女干活也像行军布阵一样，指挥有方。我感慨，以她的刚烈，幸而是生活在太平无事的时代，不然一旦遇难，她会像虞姬那样，宁为玉碎不为瓦全。时代的利剑挥下之时，多少无辜的桃花都纷纷落下。（其二五四）

当然，灵箫的命运还是不幸的，她的漂泊生活自有不一般的愁苦。她说经常梦见苏州，她的前世一定是苏州的花草，有苏州的记忆。只是她居住的地方，连斜阳都不似往昔了，沦落江湖，她的命运还不如船家女子，后者还能住在虎丘，毕竟没有离开苏州。（其二五五）

在我看来，灵箫是上天赋予的第一流的人物。这样的人物，在一时一地极为罕见。所以她一旦离开苏州，漂泊到清江浦来，没有了她去领袖群芳，那么苏州的花花草草都显得冷清失色。

灵箫的心事没有人知道，但我相信，她死后也要埋葬到苏州，如同唐代的真娘埋在虎丘旁一样，供千百年后的人凭吊。（其二五六）

我对佛法还算有一些知识。

佛法说，人的肉眼见近不见远，见前不见后，见外不见内，见昼不见夜，见上不见下，所以人应该求得天眼。

我自己是肉眼凡胎，不知道灵箫是哪一位下凡的天人，猜测起来，她可能是佛国的优昙钵花转生的吧。佛经说，优昙花三千年一见，极为殊胜。

我身上的众生浊、见浊、烦恼浊、命浊、劫浊等五浊太重，灵箫来到世上是来帮我抵挡消解五浊的吧，否则她怎么会沦谪到这五浊恶世中来呢？（其二五七）

唐代的裴航曾经遇到一个叫云英的女子，云英隔着帘子递给他水喝，他先看到云英洁白的手，后来掀开帘子，看见了云英的绝色容貌。灵箫在给我端茶递水的时候，让我想到当年的云英给裴秀才的印象，应是同样光景。灵箫更像骑着鸾凤的仙女，缥缈灵动。

我想，面对灵箫，就是一群画家来也都会收手，因为无从下笔。她的美丽无法重现，她的美好韵致只适合在心里默念存放。（其二五八）

灵箫的一切让我沉溺，但知道自己沉溺其中，我又胆怯了，害怕，挣扎，抗拒，想要逃离，想要摆脱爱的樊笼。灵箫为我好，说了很多话，可是我听不进去。

如果江水变成酒，我把它喝干了，我也不会醉。我如果喝醉了，就算把一河水都浇到头上，我也不能解渴而清醒过来。

我的清醒或沉醉自有规律，我怎么能侧耳来听别人的劝告呢？（其二五九）

但当我凌晨酒醒，仔细思量灵箫的美好，想起以前的风流放荡，我还是应该把那些诗收起来，把那样的行为戒掉。我要努力保重身体，找到一种养生长生的方法，这样才能报答灵箫这位闺中国士的知遇之恩。（其二六〇）

如果我称灵箫为绝色美人，心里总是不安心，那我枉称才子了，连称呼美人都找不到辞藻了。李白赞美韩朝宗，说天才才子："一经品题，便作佳士。"但确实，评说一个天女的品格本是一件难事，即使韩朝宗再世，面对灵箫，他也未必比我更有才思。

我在心里想遍了名字，在"梅魂""菊影"等字眼中商量酙酌，但都觉得不够完满。我怎么能忍心把她看成人间的花花草草呢？（其二六一）

灵箫不断地打听我家里的情形，她也怕我家累过重。

东方朔的妻子非常贤惠，《汉书》中说："归遗细君，又何仁也？"对我来说，我家里也有一个贤妻啊，我还有一个管烧香等琐事的小妾，也还有点文化。

灵箫其实用不着打探我家中的情形，只要她肯做侧室，

做我家眷右军的首领就可以了。（其二六二）

灵箫聪明，大概只有东晋王凝之的妻子谢道韫可以相比，她们说话不落痕迹，让人抓不住把柄。我何其有幸有福，耳朵里能听到她的清朗圆润的声音。我有自知之明，我的话语里缺少山水清润的气息。算起来，从嘉庆十五年（1810）我考中贡生，到现在恰好三十年，我也枉负才名三十年。（其二六三）

灵箫对我忽冷忽热，说话也一会儿认真，一会儿玩笑。我欣赏她的态度，就像写文章一样不是平铺直叙，而有曲折变化，难以猜测。但身在其中，我却时不时被她推到五里雾中，晕头转向，找不到方向了。

人生的悲欢离合也许本来如此，我错怪了女子，其实她们也懂得用兵之术。人性需要这样的征服，其中有难为外人道的魔力，最终我们对彼此、对人生都心悦诚服。（其二六四）

灵箫的才能质地太过空灵而不可捉摸，她对我的征服日渐成功，我感觉深陷她的包围，就要做她的俘虏。但我无法满足她的幽怨，我也曾把《阴符经》读得烂熟，当此之际，我也只有退出这爱的战场，等双方平静下来再评估得失。

对啊，趁着今天帘子如同旌旗飘荡，深秋的气息在空中

浮荡，我要飘然远引。在浩渺的天空，一只远征的鸿雁飞走了。（其二六五）

在路途上，接到灵箫托人给我捎来的一封书信。她在信中向我道歉，请我回去。这让我心痛，她心比天高，在信里却把头低到尘埃里了。我龚某人何德何能，即使我把六朝的各种文章都找来看过，哪有青楼女子谢罪的书信呢？（其二六六）

《神异经》记载说，东荒山中有一大石屋，东王公住在里面，他常跟一神女玩赌博游戏。他们往玉壶里投箭材，每轮投一千二百次，如果没投中又没有接住的话，天空中就会笑出闪电光，被称为电笑。

情场失意，赌场可能得意。跟灵箫的爱恨情仇让我想起电笑了，我在路上进了赌场，赌得昏天黑地，突然接到了灵箫的书信，她劝我不要赌博。但为时已晚，我赌输了，我已经没有赌博的本钱了。（其二六七）

如果命运真能把我的爱情恨海填平，让我跟灵箫有缘有分，我会把她安置在羽琌别墅里。什么海上仙山、琼瑶楼阁，众人向往的地方，对我来说，都平常得很。据说兜率天是预备成佛的地方，即使兜率天可以去，能与灵箫结合，我也甘愿推迟十劫的时间再投生到那里去。（其二六八）

灵箫和我身陷情海之中，从旁观者的角度，她有种种变化手段，能够纵横捭阖；我身上佩戴的阴符也是可以凭借的。我和灵箫算是棋逢对手了，只是我们怎么才能超脱出来呢？

灵箫啊，我已经编好了同心结，我是坚定地等待着你的。《钱塘苏小歌》说："何处结同心，西陵松柏下。"我的羽琌山馆就是我们缔结同心的西陵。（其二六九）

灵箫跟我实在相契，她也读过孔稚珪的《北山移文》。我们在半醉半醒的时候，闲谈起身世遭遇，原来她也是鄙视官场、同情隐逸的人物。

是的，官场实在不堪，在平生交游数百人里，大家都是说些升官发财的无聊话而已，相见寒暄作揖，然后就是恭维什么时候出将入相，真是庸俗不堪。（其二七〇）

那一天晚上，油灯渐渐熄灭了，月光照进了房子，恍然如同烟雾。秋夜寒凉，加上我们没有谈好，我要离开，灵箫一夜都没有睡好。我不忍心分别时见面，听说她梳妆好就来给我送行，为了避开她，我上船先走了。

我的《寱词》全是醉梦时语，到此就告完结了。（其二七一）

我路过清河渔沟的时候，在客栈的墙壁上写了一首诗。

我的意思是说,我和灵箫没有谈拢,如同《易经》的最后一卦"未济",我和灵箫未济终焉,我的心也因此变得空无缥缈。世间万事,有些缺陷也许更好吧。

夕阳下山,人在旅途上,想起"夕阳山外山"的句子来,仍情不自已。不过,古往今来,谁能免得了这种不能完美而惆怅不已的情怀呢?（其二七二）

离开清江浦,在三十多里外的渔沟镇,我给灵箫寄了一首诗。

我本来想寻找缥缈空灵的意境,但事实上只是收获了幽深沉重的心情。我真是后悔前次拂袖而行的冲动。

我难以像鸿雁那样飞上天空毫无恋惜,再也不回头。我这只飞鸿飞上天空,仍遗留下一些声音。（其二七三）

到了众兴镇,我又给灵箫寄了一首诗。

我明明知道到北京接家眷,南归时一定会经过清江浦,一定会见灵箫,可是我控制不了自己。在酒桌前,我也控制不了自己的百感交集。

这是我今生从未有过的事情,我的泪水把衣襟都打湿了,我就此渡过黄河北上。（其二七四）

行程到了顺河集,我又在客栈的墙壁上写了三首诗。

幸好我这一生超绝的著作,可以藏之名山、传之后人的著作,早就写出来了,我现在有时间可以休息消遣了,但有什么办法把这一生剩下的时间度过去呢?

我明白了,我从此不用烧香拜佛,我要整顿好自己的全部精神,专心地爱护爱惜灵箫。^(其二七五)

三国魏的嵇康说他"非汤武而薄周孔",我在少年时期虽然也轻视商汤王和周武王,但我没有看轻秦始皇和汉武帝。其实这些人都是开创局面的英雄,但我想英雄到了晚年,还要打拼吗,还要折腾吗?他们不住在知己女人的温柔乡里,还要住到哪里去呢?^(其二七六)

我的心情在慢慢平复吗?杜甫把新老朋友说成是今雨旧雨,我的今雨掩盖了旧雨。就像早上的潮水冲洗了昨晚潮水的痕迹一样,新的事物一旦发生,就容易把旧事情忘掉。那么平复心情最好的办法,莫过于寻找新欢。这里有来自清江黄婆渡的女子,那就不用再问杭州、苏州白公堤的往事了,那些往事如梦幻泡影已成过去。^(其二七七)

在顺河,我给灵箫再寄了一首诗。

我对灵箫说:遇到你,像是跟天花打过一番交道,让我自己有所觉悟。我像是一个入定过的人,又出定回到日常庸凡的生活。我为你入定出定大概也是前生注定的因缘。

现在的我，孤灯一盏，在旅店中安心地坐着，似乎看破情缘，根本不是睡在云屏旁边的你的梦中人了。

灵箫啊，我给你写这些话是且行且珍惜，还是跟你渐行渐远？我写了这首诗后，似乎感到不会再给你写诗了。我十月十日把这首诗寄给你，没有收到你的任何音讯。

两个月后，我从北京回来，再到袁浦，去找你，人们说你已经回苏州闭门谢客了。我能理解，我们是玉露金风，我们是曾经沧海，我们是取次花丛。

又过了一年，我到南京小住。朋友找我要字，我写好字，突然想起你来，我就跟朋友告辞回到苏州，"便说寻春为汝归"，这次我没有说，我只是要回到你的身边。（其二七八）

〔传记〕

卷七　再度北上

为接家眷，我于九月十五日清晨出发前往京城。此前几天，附近的亲友听说了，纷纷来给我送行，我也就在别墅里接连举办送行的宴会。这样的氛围，让我看着别墅里各种漂亮的秋花都觉得有离愁别恨了，它们也对我依依不舍啊。

我走了，或者北山的猿鹤会笑话我吧。《北山移文》中说那个假隐士下山奔赴名利场时，让山里曾陪伴他的猿鹤都惊讶不已。如今，猿鹤们见怪不怪，只会笑话那些假清高、假避世的俗人了。

但我还是得走，在五更天极冷的时候，为赶路，我不得不出发了。我的船帆上还挂着浓重的秋霜。（其二三四）

张衡的《四愁诗》中说："美人赠我金错刀，何以报之英琼瑶。"是的，我也有美人一样的知己君子，他们来给我送行时，既赠我路费，又叮嘱我注意安全。

我在杭州通往京城的路上，还想起这些朋友，心中感念不已，我也屡次不由自主地回头遥望他们所在的杭州。他们

就如此时天边的明月，古道热肠，照人肺腑。（其二三五）

我的侄子剑塘（龚家吉）在苏州为我送行。唉，我这个老头子开始享受年轻人的照拂了。

中途因为刮风受阻，船只不能出行，我只有等待。此时此地，没有酒，秋光已残，岸上的杨柳叶子落光，光秃秃的。"杨柳岸，晓风残月"，那已经让柳永销魂了。我的场景更缺了酒，岂不加倍销魂？

好在我的侄子得力。阮籍的侄子阮咸也得力，阮咸与叔叔同为"竹林七贤"之一。我的阿咸陪着我叙叙家常，有他解闷，我的行船终于顶着一帆冷雨过了苏州城的东门。（其二三六）

说到杭州的美食，让人记忆深刻的有梅舌儿。杭州人把梅子捣烂后和姜、桂拌在一起的小凉菜就叫梅舌儿。当然更不用说竹笋名产，有一种竹笋叫虎爪尖，色彩如同山茶，价格昂贵。如果再拌以苏州的丁香橄榄，完全可胜过北方过冬所食用的腌制大白菜。（其二三七）

太湖南有上方山，又名楞伽山，是中秋之际看串月的好地方。我路过时还有机会去游玩一番，但我要去就挂着竹手杖登上山上的高塔，在塔上俯瞰太湖清秋美景，这样还可以避免冶游狎妓的嫌疑。

我老了,已经没有游手好闲的心理了。就像我想起太湖,相信太湖在夜月中照出上方山的倒影,一定灵性闪耀,只是没多少人发现,没多少人欣赏。世人都愿意跑到虎丘去看热闹,我和上方山把这种世俗的热闹让给虎丘,都心甘情愿。(其二三八)

这次剑塘跟随我在苏杭一带转了十来天,他在虎丘买了毛笔和笔筒,要我给他写几句话。我就给他写了一首诗。

我的意思是,有了笔就要好好保管,不要轻易扔掉。班超投笔从戎,那是他的时代重视人的能力。但在重公文的世道里,能干的不如能写能说的,做秘书一类的工作也能晋升到公侯的地位了。当然,世道在变,人的分工也更加细致。以耕种做比方,有力耕者,有舌耕者,有笔耕者,久而久之,他们都能晋身于高位。(其二三九)

我的堂弟景姚(龚自玉)以丹阳县丞的身份在南河衙办差。南河是管理南运河的权力机构,驻地在江苏的清江浦,即袁浦。我的行船到了清江浦停下来,我就住到他那里。我知道跟堂弟会有一番欢聚,果然,我到了后,在他的衙门里吃吃喝喝十来天,还省了住宿费。

不要埋怨我在旅途中耽搁的时间太久。漂泊在外,有老

弟在一起畅谈，这是可遇不可求的事啊。（其二四四）

听说东河总督在找运河沿途的泉水，希望有新的泉水可以引入运河以提高运河的运力，我的朋友、户部的汪喜荀（字孟慈）在管理其事。正好我亲眼看到铜山县北五十里有一水源，名叫柳泉，泉水自地涌出；滕县西南百里有一大水源，泉水从山涧悬流。我因此给孟慈写诗说明，同时也寄给工部的徐启山（字镜溪）先生。

现在的我，已经是在野之身，如同在山的泉水一样。这点滴的水，对大江大河来说，谈不上有什么帮助。

但我愿意向两位查勘泉水的使者报告，这两处有灵应的山吐出泉水，就是为了方便运河粮船的运输。（其二七九）

我这次到了孔庙，看到了乾隆皇帝颁给孔庙祭祀用的十来种礼器。本朝对孔子的礼遇是很高的，乾隆皇帝颁给孔庙的铜器，采用周代的样式。冬天是烝祭，我看到祭祀时的十来种彝器，其尊贵可跟周代的天球和赤刀等宝物相比。我收集古代铜器拓本有上千行之多，这一次，我又把乾隆皇帝颁给孔庙的铜器上的文字拓下来，我会放在平日所收集的文字拓本前面。（其二八〇）

我过去曾到过山东兖州，没有到曲阜。癸未年，我写成了《五经大义终始论》；壬辰年，我写成了《群经写官答问》；癸巳年，我写成了《六经正名论》，又写成了《古史钩沉论》。那时我感慨说，可以到曲阜拜见孔庙孔林了。

今年冬，我北上时可以经过曲阜，心里不禁庄重其事，在南沙河斋戒，又在梁家店斋戒。青春年少时没有福分经过曲阜拜见圣人，中年时忙于写书又希望做官进取。幸而没有做成官，而书写成了，我这才敢斋戒沐浴，去向孔子报告自己的成绩。（其二八一）

我看到孔庙的两边有从祀的先贤，东边的儒者有子产以至邵雍等人，西边的儒者有蘧瑗以及陆世仪等人。对这些跟孔子一起享受后人祭拜的贤者，我是有拜，有不拜，也有勉强给予一揖的。

少年时代的我是一个地位低微的读书人，对有些先贤，有自己的看法，只是我藏在心里没有说出来。到了壮年，我做了礼部主事祠祭的官员，对有些事的看法更加坚定了，同时也仍保持缄默。

面对主流的态度，虽然我不敢妄加议论，可是我的腰是直的，腿是硬的，不能随便跪拜。所以，我走到孔庙两边的走廊，面对众多的先贤，对有些人只作了一个揖，心里也是安然无愧的。（其二八二）

古书上曾有鲁国是古奄国的说法，还说奄国就在曲阜。另有一个地名淹中，让很多人猜测，据说那也是鲁国的一个地名。我当年曾经论证过奄就是淹中。

现在我到了曲阜，恭敬地穿行在圣人所曾经生活、古经所曾经存在的地方，我仿佛听见了经书中那些精微的言论，甚至看到了先贤们一言一笑的神态。

在曲阜，据说还有汉代种下的松树。那里的奎文阁的门两旁，则有汉、魏、唐、宋等各个时代刻下的石碑，著名的就有孔子庙堂碑、史晨碑、孔彪碑、孔宙碑等，都是后人研究汉隶书法的经典。但看到了圣庙，我怎么肯去拓下汉魏时代的碑文？我的心已经越过汉代种下的松树，直追先秦的人物及其学说风采了。（其二八三）

我在曲阜遇到了知县王大淮先生。他和他的弟弟王大堉先生，还有他的儿子王鸿，都工诗。至于孔家后人，则有孔宪彝先生、孔宪庚先生，还有他们的外甥郑宪铨先生，都是诗人。

这让我想到，江南的诗坛人物，数以百计的人都自负诗才，他们哪里知道曲阜阙里还有个诗词圈子呢？我在孔子的故居旁边流连倾听，孔子是弦歌不绝的，据说汉代的鲁共王到孔子的老屋里就听见了鼓瑟钟磬之音。《列子》也记载说，好的音乐能够余音绕梁，三日不绝。

这些故事让我在孔子的故居旁也听得如梦如幻，我好像真的听见千年前的丝竹声还绕梁不绝。大音希声，是的，圣门的声音千百年来一直流传，它们比世间的声音更宏大、更动人。^{（其二八四）}

王大淮字松坡，号海门。我和海门兄算是庚午同年，他和我都在嘉庆十五年（1810）庚午年应试中了副榜。嘉庆年间的文坛风流好像还在眼前，我也记得我们考中了举人副榜后，一同参加鹿鸣宴的情景。

如今我和海门兄两人的头上都有了白发，我们在山东重新相见；谁人怜惜当初他和我还是穿处士衣服的少年呢？^{（其二八五）}

这次到曲阜，我还到孔宪庚先生家，为他的《经阁观海图》题诗。宪庚先生，字叔和，号经之，又称经阁，平生喜诗。他的诗，即事写情，抚今追昔，沉思孤往，寄兴遥深。他也是一个豪爽的人，跟他们孔家的孔融一样好客。汉朝的孔融曾经说："座上客常满，樽中酒不空。"

宪庚先生也是这样的人啊。他年轻而气概不凡，正跟他的才华相称。他豪气干云，心胸开阔，不怕冒险。据说他登过泰山，还坐船到海上去经历过风浪。

我这次路过山东，也不曾辜负宪庚先生好客的风雅名声，我在他这个当代的孔融家开怀畅饮，一共住了三天。^{（其二八六）}

宪庚先生曾经有过把自己的诗篇投入江水的行为,这跟唐代人把诗放在大瓢里投入江水的行为一样。宪庚先生有《云水诗瓢图》,我也在上面题写诗句。

汉代的扬雄,字子云,年轻时爱好辞赋,壮年后转向学问。他曾经把年少喜好文学辞赋的行为说成童子的雕虫小技,对真正的成年人来说,那是壮夫不为之事。我相信,宪庚先生也有同样的感受。

宪庚先生把自己的诗稿丢到江水里,付诸虚空。这是决然地跟自己曾经视为全部的喜好告别了,从此以后,他不会再写无关痛痒的文字。听他的想法,我也赞同,好男儿就应该去注解他们孔家的"壁中书"。当年从孔子故居的墙壁里发现了古文《尚书》《礼记》等数十篇重要的先秦文献,被人称为"壁中书"。这样的经书才值得我们去研究,去阐发,从中安顿自己的性命。(其二八七)

这次没有遇到宪庚先生的兄长宪彝先生。宪彝先生号绣山,他此时在京城游玩。我看到他和宪庚先生合作的一幅画,是七年前游淮阴时画的《淮阴鸿爪图》。

如果宪庚先生给哲兄宪彝先生写家信的话,可以重提七年前在淮阴画画的旧事。还要跟他说,如今家里来了一位跋涉关山的客人,在西斋房里听着夜间的雨声。(其二八八)

我还在一幅《海门种松图》上题诗。

我喜欢王海门的这幅画的意境,是的,男人就应该如松凌云。他家里有凌云百尺的枝条小苗,只要任其在风烟的培护下成长,一定能够逐渐高大起来。

秦始皇统一六国后,曾在泰山等地刻石,表扬功绩,甚至还封为其遮挡暴风雨的泰山松树为大夫。而东晋的谢玄只希望自己像芝兰玉树,跟在大人的身边。在我看来,儿子生下来就该只让他见识秦碑上的文字,像六朝人那样把儿子看作庭院里的芝兰,不能经风历雨,脆弱不堪,是太可笑了。(其二八九)

海门兄的儿子王鸿,字子梅,画有《祭诗图》。记得前年他有《盗诗图》,我当时还给他题写过诗。他曾经在外出时遇到山贼,山贼把他随身的钱财抢劫一空不说,连他视若生命的诗稿也抢走了。事后他凭记忆把诗稿补写,仅得十分之七。

在我看来,诗被盗了,把诗补写了,现在又有了《祭诗图》,可以说明王子梅个人的诗歌史是极为奇特的。珍惜自己的作品当然能够理解,但要相信未来的自己会写出更好的东西,不要到那个时候再来"悔其少作"。我这个人有话直说,我是劝你王子梅删除多余枝叶,趁壮盛年纪把感觉一般的诗都删汰掉。(其二九〇)

海门先生的弟弟王大埍（字秋垞）先生也能诗擅画，他画有《苍茫独立图》。

大埍先生的诗学唐人韩愈，他的字很有锋棱。我能想象，他在官衙的梅花旁边，晚上还琢磨着诗句。

我真心祝福海门先生一家，他们王家一门都能写诗画画，风雅至极。相比之下，我们的老杜，就过于苍茫凄清了。杜甫说过："此身饮罢无归处，独立苍茫自咏诗。"（其二九一）

离开曲阜的时候，海门先生，其弟秋垞先生，其子子梅先生，以及孔经阁、郑子斌（郑宪铨）等五人，在矍相圃为我饯行。

说起来，我八岁的时候就梦见自己到了矍相圃，它在孔庙仰高门外，史书说孔子在矍相圃射过箭。没想到今天有五个人在这里做东为我饯行。

古代的射礼不仅是一种体育活动，而且是一种礼仪，是一种修身养性培养君子风度的方法。孔子说过："君子无所争。必也，射乎？揖让而升，下而饮，其争也君子。"意思是说，君子没有什么可争的事情。如果说有争，也就是射礼中的比赛。射礼要两人一起，上堂较射之前两人互相行揖礼表示谦让，然后一同并行走到堂上。射完箭后互相作揖走下堂来，然后互相作揖喝酒。那种竞赛是很有君子风范的。

我也很想去射箭，展示射礼的风采，只可惜我欲射无箭，我的行装里没有白羽箭啊。王维有诗说:"偏坐金鞍调白羽,纷纷射杀五单于。"岑参说:"白羽绿弓弦,年年只在边。"孙承宗说:"却喜丹台新燕子,学成白羽水平飞。"(其二九二)

现在才十月份,曲阜这里的蜡梅就开花了,经阁先生折了一枝蜡梅为我伴行。

在东山这里看到蜡梅开花,一下子就觉得一年的时间快过完了。北国的蜡梅跟南方大庾岭上那些梅树一样,参差多态。

这让我想到人们用黄蜡梅称呼修行的佛祖。佛经中说,释迦牟尼成佛前名瞿昙,因为修行得艰苦,身体一度瘦弱不堪。有人看见他说,原来沙门瞿昙是黑瘦黑瘦的;有人说,沙门瞿昙不是黑瘦的,而是褐色的;但释迦牟尼说他自己,沙门瞿昙是黄金色的!

宋代的杨万里写有《蜡梅》诗说:"渠独小参黄面老,额间艳艳发金光。"

我岂敢用参佛的黄面老这样的话来比喻经阁先生送我的蜡梅?这是孔子故里阙里开结出的耐寒的梅花!(其二九三)

在路上,我看见两辆车子的人吵架。隆冬季节,满地冰雪,路上坑洼不平,前面的车子陷入浅坑里了,后面的车子就退缩不前。结果两辆车子都停了下来,大家都怕有危险,勒住马，要让对方先走，貌似礼让，实际上是怯懦啊。

这让我想到旧作《明良论》里所说的，现在的世道，大大小小的官员，想到的都是怎么保住自己的官帽，不再有什么作为。官做得久了就贪恋官位，年纪大了就护其子孙。已经没有人敢大胆改革，去旧图新，为我们的时代破局。

当年贾谊认定时代需要礼乐，在东阳侯张相如、绛侯周勃及灌婴等权倾一时的年代，贾谊不顾危险，撸起袖子干，去制订礼乐。这是何等的大智大勇，他的书生意气是何等的纯粹可爱！他虽然为权臣们反对、打击，被贬官到长沙，后来又郁郁而终，但他是虽败犹荣的英雄。（其二九四）

这次上路，有人给我推荐了一个仆人，其人一脸倒霉相，说自己先后跟随过十个主子，结果十个人都丢了官。我不信邪，就留下他了。让他收拾东西，奇怪，东西只要经他过手，就碎了、毁了；让他去雇车，奇怪，我们的车子在半路上一连翻倒了四次。

这世上真有不吉利的人。我心想，幸亏我已经辞官了，否则因仆人而丢官真是笑话了。唐代的佛家故事集《法苑珠林》，以及明代的小说，都记有这类事，我也姑且记载这件事，以送给后来编类书的有心人。

我们熟悉的名句，"李广难封"，据说就是因为李广命不好，运气太差。李将军一生打了无数仗，最后一次出征匈奴时跟皇帝说要做先锋，他要抓到单于；但汉武帝特意交代他的上司卫青将军，李广数奇，不能让他做先锋，让他把守一边就可。结果李广的运气确实不好，单于从他把守的一边溜走了。李广为此自杀，他想不通自己的命运，更不愿面对审问他的那些刀笔吏。

北宋人魏泰在他的笔记《东轩笔录》中记载说，宋真宗抵达澶渊后，有一天对寇准说："哪个人能替朕守卫这战略要地？"寇准的答案是："这个时候啊，就得靠运气了。古人说'智将不如福将'，我看王钦若的福运没完，很适合镇守。"结果王钦若不辱使命。

从这个例子中可以看出，古人用兵，选择能干的将领不如选择有福气的将领。这种事大概小说家们是知道其中的因果关系的，所以唐宋以来的小说多有记载此类事。我不相信这种事，刚愎自用，结果我遭遇水厄之灾，车辆在雨雪泥泞中翻车多次，我的黑貂裘也掉落在泥泞中被碾压，最后扔掉了。（其二九五）

这次北行似乎太不吉利了，天意就像是告诉我说，你不要往北方走了。

我北上到京城是要把家眷接回去，只要家眷能够会合在一起就可以，不一定需要再进京城逗留。我在心里早已跟京城永别了，半年前，我跟京城的旧同事和朋友们已经告别过了,难道还要进京再去叨扰他们吗?

先是在鲁地的南沙河,我忘了是肥城还是滕县的南沙河,载我的车子翻车,把我带的书籍打湿了。

然后,到了汶阳,风雨交加,上下以及东南西北六幕都漆黑得伸手难见五指。

然后,到了东平,天上又飘起鹅毛大雪,三尺厚的雪埋没了道路。

这是什么兆头?〔其二九六〕

这一路上,我北向京城的马车翻了四次,车子陷进泥潭里两次,都托路人的热心帮忙才得以解决。

这让我想到,人同此心,心同此理,人们同气连枝,同类相求,古今都是一样的。只要活着,我们就需要外人,也为外人所需要。怎么可能吟咏天上的飞鸿,超然物外,以为自己不需要这个世界呢?

司马迁曾记载过孔子的一件事,说孔子的父亲和母亲在曲阜东南方的尼山许愿,生了孔子,尼山又名尼丘,所以为孔子取名为孔丘。《论语》中说,孔子和弟子子路有一次经过一个地方,要找渡口。子路就去问人,别人把孔子嘲笑了一通,意思说孔子周游列国是白费工夫。子路回来跟孔子说了,孔子很是伤感失落,但他仍坚定地说:"鸟兽不可与同群,吾非斯人之徒与而谁与?"我不能跟鸟兽在一起混日子,如果不跟世人打交道,不跟同类进行交往,我又能跟谁联系呢?

我从这路上热心人的身上看到了孔子的用心,人们无缘大慈,一人有难,见者急难,这是普通人、无名者的行为,正是这种行为让我发现了人之为人的意义。是的,如果不是看到神州大地的人们乐于助人、急公好义、施援救难的行为,我怎么能理解孔子奔走各国,游说人间,不肯轻闲自了的心情呢?

孔子要做的,也是让一人、一国乃至天下都发现每个人身上人性的东西,让他们平时无意中流露的急难公义成为人生自觉的形式。学校教育也好、社会教化也好,说到底,是要让人发现自己身上之为人的因素,发现人成为人的可能性。我希望我的文字也是如此。(其二九七)

明代把北中国的战略要地分成九个军事区,各设重兵把守,称为九边。我虽然对这些边疆地理的情况烂熟于心,有人却以为这不过是雕虫小技。

《世说新语》中说,谢安的初心是过隐居生活,朝廷多次要他出来做官,他不得已才就任桓温属下的司马。恰好在这个时候,有人送给桓温草药,其中一味草药叫远志。桓温问谢安:"远志这味药又叫小草,怎么一种东西会有两种名称呢?"谢安还没有答话,旁边的郝隆应声说:"这很容易解释，不出山就是远志，出来就是小草。"谢安听了面有愧色。

谢安的初心是远志，结果成了别人眼中的小草；他毕竟是有大格局的人，所以能够在国运关键之时发挥。了解一个人并不容易，难怪一般人眼里，远志就是小草，小草就是远志。我研究边疆地理，本意是为国家解难分忧，志向可谓远大，但怀才不遇，在别人眼里也不过就是小草，就是雕虫小技了。

这北行的路让我沮丧。我平日以健儿自许，但山东的一场雨雪就打乱了我的行程。在雪夜里，守着一盏青灯，我几乎手足无措，枉我平时说自己是什么健儿身手啊。（其二九八）

当然，除了天气原因，京城对我已经失去意义，我对京城也已经失去兴趣。京城的友人固然不少，但别有用心的人、欲除我而后快的人、等着看我笑话的人也有不少。天气阻我北行，我也因接近京城而情怯。我因此派一名仆人到京城里把家眷接出来，我自己就驻于任丘县等待他们来会合。

当时，车到了任丘，我的马头前面传来了秦筝、琵琶的声音。马鞭碰巧掉到地下，我也就此停车驻扎。

向北边望去，京城宫殿上转角处的瓦棱仿佛若隐若现；南边呢，大雁正渐飞渐远。这个天气里还有大雁没有回到南方，它们是最后一拨候鸟吧，它们归心似箭。我也要早日回转南方，所以匆匆写了一封书信，简单得只有几行字，寄到

京城去告知我的心情和打算。（其二九九）

儿子龚橙的书信到了，他请我稍稍再往京城方向走走以便会合。我就从任丘进驻到雄县，距京城也就二百多里路了；儿子知道后，又写信请我往北边走走，我就从雄县进驻到固安，距京城也就一百多里路了。

离京城越来越近，我的心越发不安。我仿佛看见了京城的大房山露出一角，觉得它高耸得不无狰狞；雄县有十里渡河，当地人称九渡、十渡，我经过那里的十二连桥，夜里结冰难行。我有理由不安吗？

离京城只有一百来里路了。汉代的《辛氏三秦记》里说"城南韦杜，去天尺五"，说长安城南的韦、杜两家，离天子很近，只有一尺五寸远的距离。现在的我离紫禁城也已经非常近了，夜里把灯重新点燃，因为如果在黑暗中做梦，我已经不敢梦见宫殿上的瓦棱，那样的梦太不吉利，太过惊悚。（其三〇〇）

〔传记〕

卷八 吟罢归乡

儿子昌朏（龚橙）写信来，我写了四首诗来回复他。

我们龚家现在是关键时期，我的家庭可以说是处于艰危之中，这需要有人撑持担事。民间谚语说，贫家出孝子。我相信艰危的挑战，能让孩子长大、孝顺，有担当精神。

孩子啊，保持你心地的光明、淳厚和质朴吧。从长远来看，老天爷给予我们丰厚的福报是没有私心的。

我个人一生露才扬己，率性而为，现在希望儿子能够见素抱朴，这矛盾吗？苏东坡的《洗儿诗》也是如此，"惟愿孩儿愚且鲁，无灾无难到公卿"。（其三〇一）

老子的金句是"大器晚成"。确实如此，天地间的杰作不可能一下子完成，人的学问、人生成绩也是如此。但是，要出人头地，要超出一般水平，是不能指望晚年才去学去求的。就是说，一个人的才、学、识全要靠自己在二十岁的弱冠年华里争取，就像有人说，在青年时代，要把一生会用到的书读完。《易经》中说"多识前言往行，以畜其德"，就是这个意思。朱子（朱熹）说过，我们今天读古人的书，是为了蓄养自己的德行，而不是实用地东读西用，现学现卖。如果一个人读一本书，就能滔滔不绝地说很多话，写很多文章，夸夸其谈，心并不在里面，这样读书，终究跟自己是没有关系。

说到才气，我也有资格谈论才气，我年轻时就有才名了。外祖父玉裁老人曾劝告我"勿为名士"，王芑孙先生则劝我"勿做高谈之士"，我的一生走了很多弯路。在我看来，一个人的才气需要基础，这基础就是学问。所以在青年时代争取把学问做好是重要的，莫要消耗精力去追求才子的名声。（其三〇二）

我担心你肚子里没货，没读几本书，却又夸夸其谈。如果你肯把朴学承担起来，那胜过去做官封侯。朴学的考据，较之逞才使气的辞章和高谈阔论的义理更值得我们投入精力，那是基础，又是高大的保证。

王芑孙先生当年也是这样劝告我的，那些话我至今记得："昨承枉示诗文各一册，读之，见地卓绝，扫空凡猥，笔复超迈，信未易才也。然自古异才，皆不求异而自异，非有心立异者也。……至于诗中伤时之语，骂坐之言，涉目皆是，此大不可也。"我当年不以为然，现在要以王先生的话来勉励自己的孩子了。

以我的经验教训来说,我希望你能把《诗》《书》《礼》《易》《春秋》五经读到烂熟,就像家常便饭一样,随时可以运用享用,那才是一流的东西。也许在别人看来,我的猖狂和颠沛是很率性的,也是值得羡慕的人生;但我的猖狂是不得已,颠沛是必然的结果。我对孩子的希望是,莫要像你父亲我这样,因为我只算是在三教九流的学问中吸取了一点儿末流的东西,吸取了一点儿边边角角的东西。（其三〇三）

我们的学问有家学渊源,经典在我们家族中传承转移。你父亲我的学问来自吴地金沙福地的段玉裁先生,他是我的外祖父,是你的外曾祖父,你算是他老人家的外曾孙子了。玉裁先生学问渊博,最有名的就是对《说文解字》做出的注解。在文字学领域,他的地位可跟《说文解字》的作者许慎先生并列。我从玉裁先生那里受教,读他的《说文解字注》,前后读了六年。我在书上用朱墨或黄墨圈点、批注,字字用心,现在对这部批点过的著作,字字都看得珍重。我用青毛毯把这部书裹得严严实实的,放在随行的车子里。（其三〇四）

儿子昌匏书信来,说他最近读《公羊传》及《史记》等书,有一些疑问。我用一首诗来回答他。

我的意思是说,如果想从司马迁的《史记》出发,去寻求《春秋》的微言大义，就不要在有字句的地方去找，那样找也是白找。

古人说，自孔子去世后，精微的褒贬之言就失传了，自孔子的七十二弟子去世后，人们对经典的理解也偏离了大义。但实际上，后人仍在继绝存亡，比如司马迁写的《史记》就不单是历史著作，其中也有褒贬的精微之言。至于显扬《春秋》大义，我认可汉代的何休先生，他的《春秋公羊解诂》能够正确地理解《春秋》大义，有独到之处。（其三〇五）

家乡的果树园里结有半林黄熟的柑子，我摘下来装满了两三个竹篓。这些新鲜的柑子跟着我一路北上，来到北方。

在这衣衫迎风雪的天气里，柑子凉爽可口。我正好送给在北京的家眷。我的那些略懂诗书的风雅婢女眼界尚可，如果她们尝到柑子，会预先对江南有一个印象吧。（其三〇六）

冬至后第五日，我的家眷们离开了京城。我们在固安会合了。

古人把行李简陋的车叫鹿车，北方把一个人可以推着走的车子叫鹿车。从此我和妻子儿女们一起推着鹿车，行走于青山绿水之中，我断断不会只是孤单一人走到天涯海角。

古人把黄梅和山矾比成一对兄弟，我的两个儿子龚橙、龚陶，就像黄蜡梅和山矾花一样，或者淡净娇艳，或者明丽动人。现在他们就跟我在一起，更何况我们夫妻团圆，人月双清，再无挂碍。这是轻松的、温暖的日子，我们一家子可以回家了。（其三〇七）

史书记载说，孔子有一次看到他儿子孔鲤，就问他："读过《诗经》没有？"鲤回答说："还没有。"孔子教育他："不学《诗经》，就不会开口说话。"孔子说过，诗可以兴观群怨。自古传下来，诗有风、雅、颂、赋、比、兴六义。

关于诗的教育作用，我也曾亲耳听父亲说过。今年七月回家的时候，家父还关心我的文集定稿的情况，让我把最近写的诗给他看看。我要把自己的作品删改定稿，以报答父亲的教育。

像"风雪关山"一类的句子，是我在外面奔波的写照。我将不再奔波，我不会再有"风雪关山"这样的文字。我将回归到家里，侍奉父亲，给父亲背诵诗歌。（其三〇八）

一路到了保定，遇到方廷珊（字铁珊）先生，他为我饯行。他是浙江石门人，他的家乡有一个语儿溪，很有意义的地名。他的父亲以诗、画闻名，对佛法也有很深的研究。铁珊先生有乃父的风范，年已七十，仍在畿南做官。

我跟铁珊先生接触，他谈诗、论画，又说禅法，这是继承了父亲的门风，堪称绝学。他们家的这种"三绝"门风，四海之内的人都知道。

只是遗憾,官身不由人,铁珊先生已经年老,还没有办法摆脱官场的约束,回到家乡语儿溪去过休闲散淡的日子。(其三〇九)

在保定南边的高阳县,知县陈希敬(字笠雨)先生为我饯行。笠雨先生是浙江海昌人,他熟悉历史,写了不少诗和文章。

跟笠雨先生谈诗论艺,我读他的诗文,他的文笔极好。他治下的高阳县正跟历史上的高阳重名,当年读《史记》,看到郦生那么慷慨地说"我是高阳酒徒啊",留下的印象很深。笠雨的高阳县不大,但我在这斗大的县城里,感受到了酒国的温暖。

虽然在冬天,但我的心是热的。笠雨先生的热情让我消除了风雪关山的劳苦幽怨。他让我看到,即使在天涯海角,我们的手握在一起,就都有文人的真性情。(其三一〇)

笠雨先生丧偶,恰好铁珊先生有一个到了待嫁年龄的女儿,铁珊先生要我做媒人为他们说合。这是好事。

铁珊先生的女儿冰清玉洁,生在书香世家,正好配得上才学富赡的笠雨先生。畿南的保定和高阳相距只有一百多里路,虽然现在风雪交加,但因为我的到来,居然成就了一段

美满婚姻。古人说:"俯拾即是,不取诸邻。俱道适往,著手成春。"(其三一一)

十二月十九日,我带着女儿阿辛到焦山游玩,回来的时候,下起了大雪。

我积郁已久的愁绪漫天盖地,无法跟人诉说。但现在一过长江,到了焦山,我的心安顿下来了,那些曾经的愁绪就像漫天的飞雪,又像是无数的飞仙在天上飞舞,奇丽而壮阔。

下面的江水和上面的天空都沉郁如墨,我在其中终于飞回到安全地带。我手里拿着一枝梅花,我不怕水中的蛟龙能够把它抢夺。(其三一二)

十二月二十二日,我带着阿辛又到无锡城西的惠山游玩。

惠山用她的灵秀之气欢迎我这个归客,还在七十里外,我的心已先到了她的身边。

惠山的泉水有名,自唐代的茶圣陆羽品题为天下第二,人们就称惠泉为天下第二泉。不过,我看到泉水从山石间流出,汇入长江,还是觉得遗憾。如果在惠山脚下开凿一个大湖把泉水贮存起来,不更能发挥山水的作用吗?那时,惠山让花草林木打扮好了,泉水湖就恰好是一面巨大的镜子,能

映照出山水的美丽。所以我说,我们怎么能让惠山泉白白向东北流掉呢?(其三一三)

十二月二十六日,我们一家人来到了海西羽琴山馆,我给阿辛写了一首有些儿戏的诗。

《山海经》里说,一个叫垒山的地方,山上长了很多红色的果木,果子也是红色的,人吃了不会饿。现在看我们的羽琴山馆,红色的果实、琼玉似的白花,在海边开放得灿烂茂盛。我们的羽琴山馆就像垒山的山南,有光明和温暖。

家里的环境很好,看起来是神仙日子。

只是一家人仍要吃饭,还是得有烟火气,要烧火做饭。我们不可能做到不吃不喝,因为我至今还没有找到仙人辟谷的方法。(其三一四)

在一盏青灯下,我写下了千言万语。一年将尽,我的心思、诗兴、往事不断推着我给它们找到生存于世的文字,我吟咏了千言万语。把握住那些缘起生发的精神,千万里的江山灵气都加入进来。

从离开京城起,我突然再次破戒,诗兴不断。我自二十九岁开始戒诗,"今誓空尔心,心灭泪亦灭"。但是我的歌喉怎么封得住呢?结果戒诗期间写的诗更多,"戒诗昔有诗,庚辰诗语繁"。这样的经历让我不断地戒和破,道光七年（1827），三十六岁那年戒诗时说："忏悔首文字，潜心战空虚。今年真戒诗，才尽何伤乎！"直到最近十年，我才真正写得少了，基本上每年只有一两首诗，而且多是朋友雅集时的"作业"。

但我怎么能沉默呢？即使言语道断，沉默是金，我已经在戒和破中间沉浮了。这次又是，我每作一首诗，就用客店里的鸡毛笔记在账簿纸上，团成一团扔到一只破篓子里。屈原、李贺们都经历过这种行吟，只是我的行吟要强烈得多。我的己亥之旅往返九千里，到腊月二十六日回到羽琌山馆，我把纸团从破篓里倒出来，竟然已有三百一十五枚之多。

我知道，我写出了一个好东西，这个东西似乎把这个时代的精气神都汇集起来，江山为之失色。是的，在我的诗文面前，江山本身似乎失去了精神。当我的吟咏告一段落，江山的灵气似乎被我掏空，显得干枯了。

是的，我这己亥年的行程，收获了大江南北的山水灵气，收获了历史和岁月里的精神。现在，在一盏青灯下，当我试图再写点儿什么的时候，忽然搁笔，我来到了一种无言的时空中。

缘起，缘灭。我的言辞曾如千千万枝的繁花，现在的我看着繁花在林间纷纷凋谢。

人必须先说很多话，然后保持沉默。

那么，沉默之后呢？

我重新顶礼天台宗的七卷经文。

就是鸠摩罗什大师翻译的七卷本《妙法莲华经》。（其三一五）

[原诗]

己亥杂诗

其一

著书何似观心贤？
不奈卮言¹夜涌泉。
百卷书成南渡岁，
先生续集再编年。

其二

我马玄黄盼日曛，
关河不窘故将军。
百年心事归平淡，
删尽蛾眉惜誓文。

其三

罡风力大簸春魂，
虎豹沉沉卧九阍。
终是落花心绪好，
平生默感玉皇恩。

其四²

此去东山又北山，
镜中强半尚红颜。
白云出处从无例，
独往人间竟独还。

1　卮，酒器。卮言，此处谦称自己的著作。——作者注（下文如无特殊说明，均为作者注）
2　予不携眷属傔从［傔（qiàn）从，侍从、仆役］，雇两车，以一车自载，一车载文集百卷出都。——龚自珍自注（下文简称龚注）

其五

浩荡离愁白日斜,
吟鞭东指即天涯。
落红不是无情物,
化作春泥更护花。

其六

亦曾橐笔[1]侍銮坡[2],
午夜天风伴玉珂[3]。
欲浣春衣仍护惜,
乾清门外露痕多。

其七

廉锷[4]非关上帝才,
百年淬厉电光开。
先生宦后雄谈减,
悄向龙泉祝一回。

其八[5]

太行一脉走蜿蜒,
莽莽畿西虎气蹲。
送我摇鞭竟东去,
此山不语看中原。

---

1 橐(tuó)笔,古代书史小吏,手持橐橐,簪笔于头,侍立于帝王大臣左右,以备随时记事。
2 銮坡,翰林院的别称。
3 玉珂,马络头上的装饰物。
4 廉锷,边棱,比喻锐利的文辞或谈吐。
5 龚注:别西山。

其九[1]

翠微山在潭柘侧，
此山有情惨难别。
薜荔风号义士魂，
燕支土蚀佳人骨。

其一〇[2]

进退雍容史上难，
忽收古泪出长安。
百年綦辙[3]低徊遍，
忍作空桑三宿看？

其一一[4]

祖父头衔旧颎光[5]，
祠曹我亦试为郎。
君恩够向渔樵说，
篆墓何须百字长？

其一二

掌故罗胸是国恩，
小胥脱腕万言存。
他年金鐀[6]如搜采，
来叩空山夜雨门。

---

1 龚注：别翠微山。

2 龚注：先大父宦京师，家大人宦京师，至小子，三世百年矣！以己亥四月二十三日出都。

3 綦（qí）辙，足迹和车轮碾过的痕迹，比喻前辈的遗泽。

4 龚注：唐碑额有近百字者。

5 颎（jiǒng）光，指光明。

6 金鐀（guì），铜制的柜，用以收藏文献或文物。

其一三

出事公卿溯戊寅,
云烟万态马蹄湮。
当年筮仕还嫌晚,
已哭同朝三百人。

其一四

颓波难挽挽颓心,
壮岁曾为九牧箴。
钟虡[1]苍凉行色晚,
狂言重起廿年喑。

其一五

许身何必定夔皋[2],
简要清通已足豪。
读到嬴刘伤骨事,
误渠毕竟是锥刀。

其一六[3]

弃妇丁宁嘱小姑,
姑恩莫负百年劬[4]。
米盐种种家常话,
泪湿红裙未绝裾。

---

1 虡(jù),饰以猛兽形象的悬乐钟的格架。
2 夔皋,舜的乐官夔和刑官皋陶。两人居官皆有政绩,后因以借指贤明的辅弼大臣。
3 龚注:有弃妇泣于路隅,因书所见。
4 劬(qú),辛劳。

其一七

金门缥缈廿年身,
悔向云中露一鳞。
终古汉家狂执戟,
谁疑臣朔是星辰?

其一八[1]

词家从不觅知音,
累汝千回带泪吟。
惹得而翁怀抱恶,
小桥独立惨归心。

其一九[2]

卿筹烂熟我筹之,
我有忠言质幻师。
观理自难观势易,
弹丸累到十枚时。

其二〇[3]

消息闲凭曲艺看,
考工古字太丛残。
五都黍尺无人校,
抢攘廛[4]间一饱难。

---

1 龚注:吾女阿辛,书冯延巳词三阕,日日诵之。自言能识此词之恉,我竟不知也。
2 龚注:道旁见鹮戏术者,因赠。
3 龚注:过市肆有感。
4 廛(chán),街市上的商铺。

其二一[1]

满拟新桑遍冀州,
重来不见绿云稠。
书生挟策成何济?
付与维南织女愁。

其二二[2]

车中三观夕惕若,
七藏灵文电熠若。
忏摩重起耳提若,
三普贯珠累累若。

其二三[3]

荒村有客抱虫鱼,
万一谈经引到渠。
终胜秋燐亡姓氏,
沙涡门外五尚书。

其二四[4]

谁肯栽培木一章?
黄泥亭子白茅堂。
新蒲新柳三年大,
便与儿孙作屋梁。

---

1 龚注:曩[曩(nǎng),从前]陈北直种桑之策于畿辅大吏。
2 龚注:予持陀罗尼已满四十九万卷,乃新定课程,日诵普贤、普门、普眼之文。
3 龚注:逆旅夜闻读书声,戏赠。沙涡门即广渠门,门外五里许有地名五尚书坟。五尚书不知皆何许人也。
4 龚注:道旁风景如此。

其二五

椎埋[1]三辅饱于鹰，
薛下人家六万增。
半与城门充校尉，
谁将斜谷械阳陵？

其二六[2]

逝矣斑骓罥[3]落花，
前村茅店即吾家。
小桥报有人痴立，
泪泼春帘一饼茶。

其二七[4]

秀出天南笔一枝，
为官风骨称其诗。
野棠花落城隅晚，
各记春骝恋絷[5]时。

其二八[6]

不是逢人苦誉君，
亦狂亦侠亦温文。
照人胆似秦时月，
送我情如岭上云。

1　椎埋，指杀人抢劫的恶徒。
2　龚注：出都日，距国门已七里，吴虹生同年立桥上候予过，设茶，洒泪而别。
3　罥（juàn），挂。
4　龚注：别石屏朱丹木同年䑅［䑅（huò），一种可做颜料的红色矿物］。丹木以引见入都，为予治装，与予先后出都。
5　絷（zhí），绊马索，马缰绳。
6　龚注：别黄蓉石比部玉阶。蓉石，番禺人。

其二九 [1]

觥觥 [2] 益阳风骨奇,
壮年自定千首诗。
勇于自信故英绝,
胜彼优孟俯仰为。

其三〇 [3]

事事相同古所难,
如鹣 [4] 如鲽 [5] 在长安。
自今两戒河山外,
各逮曾孙盟不寒。

其三一 [6]

本朝闽学自有派,
文字醰醰 [7] 多古情。
新识晋江陈户部,
谈经颇似李文贞。

其三二 [8]

何郎才调本孪生,
不据文家为弟兄。
嗜好毕同星命异,
大郎尤贵二郎清。

---

1 龚注:别汤海秋户部鹏。
2 觥(gōng)觥,刚直。
3 龚注:光州吴虹生葆晋,与予戊寅同年,己丑同年,同出清苑王公门,殿上试同不及格,同官内阁,同改外,同日还原官。
4 鹣(jiān),古代传说中的比翼鸟。
5 鲽,比目鱼。
6 龚注:别陈颂南户部庆镛。
7 醰(tán)醰,醇厚。
8 龚注:别道州何子贞绍基、子毅绍业兄弟。近世孪生皆据质家为兄弟。

其三三 [1]

少慕颜曾管乐非，
胸中海岳梦中飞。
近来不信长安隘，
城曲深藏此布衣。

其三四 [2]

龙猛当年入海初，
娑婆曾否有仓佉？
只今旷劫重生后，
尚识人间七体书。

其三五 [3]

丱角 [4] 春明入塾年，
丈人摩我道崭然。
恍从魏晋纷纭后，
为溯黄农浩渺前。

其三六 [5]

多君媕雅 [6] 数论心，
文字缘同骨肉深。
别有樽前挥涕语，
英雄迟暮感黄金。

1　龚注：别会稽少白山人潘谘。
2　龚注：别镇国公容斋居士。居士睿亲王子，名裕恩。好读内典，遍识额纳特珂克、西藏、西洋、蒙古、回部及满、汉字；又校定全《藏》。凡经有新旧数译者，皆访得之，或校归一是，或两存之，或三存之。自释典入震旦以来未曾有也。
3　龚注：别大兴周丈之彦。
4　丱（guàn）角，把头发扎成两角形。
5　龚注：别王秋畹大令继兰。秋畹，济宁人。
6　媕（ān）雅，情致高雅。

其三七[1]

三十华年四牡骈,
每谈宦辙壮怀飞。
尊前第一倾心听,
兕甲[2]楼船海外归。

其三八[3]

五十一人皆好我,
八公送别益情亲。
他年卧听除书罢,
冉冉修名独怆神。

其三九[4]

朝借一经覆以簦[5],
暮还一经奁已灯。
龙华相见再相谢,
借经功德龙泉僧。

其四〇[6]

北方学者君第一,
江左所闻君毕闻。
土厚水深词气重,
烦君他日定吾文。

---

1 龚注:别直隶布政使同年托公。公名托浑布,蒙古人。
2 兕(sì)甲,兕革制的铠甲。
3 龚注:别南丰刘君良驹、南海桂君文燿、河南丁君彦俦、云南戴君䌷孙、长白奎君绶、闽黄君骧云、江君鸿升、枣强步君际桐。时己丑同年留京五十一人,匆匆难遍别,八君及握手一为别者也。吴虹生已见前。
4 龚注:别龙泉寺僧唯一。唯一,施南人。
5 簦(dēng),伞笠。
6 龚注:别许印林孝廉瀚。印林,日照人。

其四一[1]

子云识字似相如,
记得前年隔巷居。
忙杀奚童传拓本,
一行翠墨一封书。

其四二[2]

夹袋搜罗海内空,
人材毕竟恃宗工。
筼河寂寂覃溪死,
此席今时定属公。

其四三[3]

联步朝天笑语馨,
佩声耳畔尚泠泠。
遥知下界觇乾象,
此夕银潢少客星。

其四四[4]

霜毫掷罢倚天寒,
任作淋漓淡墨看。
何敢自矜医国手,
药方只贩古时丹。

1　龚注:别吴子苾太守式芬。子苾,海丰人。
2　龚注:别徐星伯前辈松。星伯,大兴人。
3　龚注:别共事诸宗室。
4　龚注:己丑殿试,大指祖王荆公上仁宗皇帝书。

其四五[1]

眼前二万里风雷，
飞出胸中不费才。
柱破期门佽飞[2]胆，
至今骇道遇仙回。

其四六

彤墀小立缀鹓鸾，
金碧初阳当画看。
一队佽飞争识我，
健儿身手此文官。

其四七[3]

终贾华年气不平，
官书许读兴纵横。
荷衣便识西华路，
至竟虫鱼了一生。

其四八[4]

万事源头必正名，
非同综核汉公卿。
时流不沮狂生议，
侧立东华亿佩声。

---

1 龚注：记己丑四月二十八日事。
2 期门、佽（ci）飞，皆为汉代武官名称。代指朝廷里的卫士。
3 龚注：嘉庆壬申岁，校书武英殿，是平生为校雠之学之始。
4 龚注：官内阁日，上书大学士，乞到阁看本。

其四九 [1]

东华飞辩少年时,
伐鼓撞钟海内知。
牍尾但书臣向校,
头衔不称籾[2]其词。

其五〇 [3]

千言只作卑之论,
敢以虚怀测上公?
若问汉朝诸配享,
少牢乞祔叔孙通。

其五一 [4]

客星烂烂照天潢,
许署头衔著作郎。
翠墨未干仙字蚀,
云烟半榻掖门旁。

其五二 [5]

齿如编贝汉东方,
不学咿嚘[6]况对扬。
屋瓦自惊天自笑,
丹毫圆折露华瀼[7]。

---

1 龚注:在国史馆日,上书总裁,论西北塞外部落原流,山川形势,订《一统志》之疏漏。初五千言,或曰:非所职也。乃上二千言。
2 籾(shài),通"杀",削减。
3 龚注:在礼部,上书堂上官,论四司政体宜沿宜革者三千言。
4 龚注:官宗人府,奉旨充玉牒馆纂修官。予草创章程,未竟其事,改官去。
5 龚注:予每侍班引见,奏履历,同官或代予悚息。丁酉春,京察一等引见,蒙记名。
6 咿嚘,口齿不清,说话含糊。
7 瀼(ráng),露水浓。

其五三[1]

半生中外小回翔,
樗[2]丑翻成恋太阳。
挥手唐朝八司马,
头衔老署退锋郎。

其五四[3]

科以人重科益重,
人以科传人可知。
本朝七十九科矣,
搜辑科名意在斯。

其五五[4]

手校斜方百叶图,
官书似此古今无。
只今绝学真成绝,
册府苍凉六幕孤。

其五六[5]

孔壁微茫坠绪穷,
笙歌绛帐启宗风。
至今守定东京本,
两庑如何阙马融?

---

1 龚注:选授楚中一司马矣,不就,供职祠曹如故。
2 樗(chū),臭椿。
3 龚注:八岁得旧登科录读之,是搜辑二百年科名掌故之始。
4 龚注:程大理同文修《会典》,其理藩院一门及青海、西藏各图,属予校理。是为天地东西南北之学之始。大理殁,予撰《蒙古图志》竟不成。
5 龚注:戊子岁,成《尚书序大义》一卷,《太誓答问》(即《大誓答问》)一卷,《尚书马氏家法》一卷。

其五七[1]

姬周史统太消沉，
况复炎刘古学喑。
崛起有人扶左氏，
千秋功罪总刘歆。

其五八[2]

张杜西京说外家，
斯文吾述段金沙。
导河积石归东海，
一字源流奠万哗。

其五九[3]

端门受命有云礽[4]，
一脉微言我敬承。
宿草敢祧[5]刘礼部，
东南绝学在毗陵[6]。

其六〇[7]

华年心力九分殚，
泪渍蟫鱼[8]死不干。
此事千秋无我席，
毅然一炬为归安。

---

1 龚注：癸巳岁，成《左氏春秋服杜补义》一卷；其刘歆窜益左氏显然有迹者，为《左氏抉疣》一卷。
2 龚注：年十有二，外王父金坛段先生授以许氏部目，是平生以经说字、以字说经之始。
3 龚注：年二十有八，始从武进刘申受《公羊春秋》。近岁成《春秋决事比》六卷。刘先生卒十年矣。
4 云礽（réng），遥远的孙辈。
5 祧（tiāo），祭祀远祖的庙，引申为继承。
6 毗陵，今江苏常州。
7 龚注：抱功令文二千篇见归安姚先生学塽。先生初奖借之，忽正色曰：我文著墨不著笔，汝文笔墨兼用。乃自烧功令文。
8 蟫（yín）鱼，一种蛀书的昆虫，亦称蠹鱼。

其六一[1]

轩后孤虚纵莫寻，
汉官戊己两言深。
著书不为丹铅误，
中有风雷老将心。

其六二[2]

古人制字鬼夜泣，
后人识字百忧集。
我不畏鬼复不忧，
灵文夜补秋灯碧。

其六三[3]

经有家法夙所重，
诗无达诂独不用。
我心即是四始心，
洓寥[4]再发姬公[5]梦。

其六四[6]

熙朝仕版快茹征，
五倍金元十倍明。
扬扢[7]千秋儒者事，
汉官仪后一书成。

---

1 龚注：订裴骃《史记集解》之误，为《孤虚表》一卷，《古今用兵孤虚图说》一卷。
2 龚注：尝恨许叔重见古文少。据商周彝器秘文，说其形义，补《说文》一百四十七字，戊辰四月书成。
3 龚注：为《诗非序》《非毛》《非郑》各一卷。予说《诗》，以涵泳经文为主，于古文毛，今文三家，无所尊，无所废。
4 洓（xuè）寥，空虚。
5 姬公，即周公姬旦。
6 龚注：年十四，始考古今官制。近成《汉官损益》上下二篇，《百王易从论》一篇，以竟髫年之志。
7 扢（gǔ），磨刮。

其六五 [1]

文侯端冕听高歌,
少作精严故不磨。
诗渐凡庸人可想,
侧身天地我蹉跎。

其六六 [2]

西京别火位非高,
薄有遗文琐且劳。
只算粗谙镜背字,
敢陈法物诘球刀?

其六七 [3]

十仞书仓郁且深,
为夸目录散黄金。
吴回一怒知天意,
无复龙威禹穴心。

其六八 [4]

北游不至独石口,
东游不至卢龙关。
此记游耳非著作,
马蹄蹀躞书生孱。

---

[1] 龚注:诗编年,始嘉庆丙寅,终道光戊戌,勒成二十七卷。
[2] 龚注:为《典客道古录》《奉常道古录》各一卷。
[3] 龚注:年十六,读《四库提要》,是平生为目录之学之始。壬午岁,不戒于火,所搜罗七阁未收之书,烬者什八九。
[4] 龚注:东至永平境,北至宣化境,实未睹东北两边形势也。为《纪游》合一卷。

其六九[1]

吾祖平生好孟坚,
丹黄郑重万珠圆。
不材窃比刘公是,
请肄班香再十年。

其七〇[2]

麟经断烂炎刘始,
幸有兰台聚秘文。
解道何休逊班固,
眼前同志只朱云。

其七一[3]

剔彼高山大川字,
簿我玉筴金扃[4]中。
从此九州不光怪,
羽陵夜色春熊熊。

其七二[5]

少年簿录眄千秋,
过目云烟浩不收。
一任汤汤沧泗水,
九金万祀属成周。

---

1 龚注:为《汉书补注》不成。读《汉书》,随笔得四百事。先祖匏(páo)伯公批校《汉书》,家藏凡六七通;又有手抄本。
2 龚注:癸巳岁,成《西汉君臣称春秋之义考》一卷。助予整齐之者,同县朱孝廉以升。
3 龚注:年十七,见《石鼓》,是收石刻之始。撰《吉金通考》五十四卷,分存、佚、未见三门。书未成,成《羽琌山金石墨本记》五卷。郭璞云:羽陵即羽琌也。
4 玉筴(qiè)金扃(jiōng),即玉匣金锁。
5 龚注:撰《羽琌之山典宝记》二卷。

其七三 [1]

奇气一纵不可阖,
此是借琐耗奇法。
奇则耗矣琐未休,
眼前胪列成五岳。

其七四 [2]

登乙科则亡姓氏,
官七品则亡姓氏。
夜奠三十九布衣,
秋灯忽吐苍虹气。

其七五 [3]

不能古雅不幽灵,
气体难跻作者庭。
悔杀流传遗下女,
自障纨扇过旗亭。

其七六 [4]

文章合有老波澜,
莫作鄱阳夹漈看。
五十年中言定验,
苍茫六合此微官。

1　龚注：为《镜苑》一卷,《瓦韵》一卷,辑官印九十方为《汉官拾遗》一卷,《泉文记》一卷。
2　龚注：撰《布衣传》一卷,起康熙,迄嘉庆,凡三十九人。
3　龚注：年十九,始倚声填词。壬午岁勒为六卷。今颇悔存之。
4　龚注：庚辰岁,为《西域置行省议》《东南罢番舶议》两篇,有谋合刊之者。

其七七[1]

厚重虚怀见古风,
车茵[2]五度照门东。
我焚文字公焚疏,
补纪交情为纪公。

其七八[3]

狂禅辟尽礼天台,
掉臂琉璃屏上回。
不是瓶笙花影夕,
鸠摩枉译此经来。

其七九[4]

手扪千轴古琅玕,
笃信男儿识字难。
悔向侯王作宾客,
廿篇鸿烈赠刘安。

其八〇[5]

夜思师友泪滂沱,
光影犹存急网罗。
言行较详官阀略,
报恩如此疚心多。

---

1 龚注:壬辰夏,大旱,上求直言。大学士蒙古富公俊五度访之。予手陈当世急务八条。公读至汰冗滥一条,动色以为难行,馀颇欣赏。予不存于集中。
2 车茵,车上的垫褥。
3 龚注:丁酉九月二十三夜,不寐,闻茶沸声,披衣起,菊影在扉,忽证法华(法华,指《法华经》,即《妙法莲华经》)三昧。
4 龚注:某布政欲撰吉金款识,属予为之。予为聚拓本,穿穴群经,极谈古籀形义,为书十二卷。俄,布政书来,请绝交。书藏何子贞家。
5 龚注:近撰《平生师友小记》百六十一则。

其八一 [1]

历劫如何报佛恩？
尘尘文字以为门。
遥知法会灵山在，
八部天龙礼我言。

其八二 [2]

龙树灵根派别三，
家家椰栗不能担。
我书唤作三桠记，
六祖天台共一龛。

其八三 [3]

只筹一缆十夫多，
细算千艘渡此河！
我亦曾縻太仓粟，
夜闻邪许泪滂沱。

其八四

白面儒冠已问津，
生涯只羡五侯宾。
萧萧黄叶空村畔，
可有摊书闭户人？

1　龚注：佛书入震旦以后，校雠者稀。乃为《龙藏考证》七卷；又以《妙法莲华经》为北凉宫中所乱，乃重定目次，分本迹二部，删七品，存廿一品。丁酉春勒成。
2　龚注：近日述天台家言，为《三普销文记》七卷，又撰《龙树三桠记》。
3　龚注：五月十二日抵淮浦作。

其八五

津梁条约遍南东,
谁遣藏春深坞逢?
不枉人呼莲幕客,
碧纱幮护阿[1]芙蓉。

其八六

鬼灯队队散秋萤,
落魄参军泪眼荧。
何不专城花县去?
春眠寒食未曾醒。

其八七

故人横海拜将军,
侧立南天未蒇勋[2]。
我有阴符三百字,
蜡丸难寄惜雄文。

其八八

河干劳问又江干,
恩怨他时邸报看。
怪道乌台牙放早,
几人怒马出长安?

---

1 龚注:阿,读如人痾之痾,出《续本草》。
2 蒇(chǎn)勋,大功告成。

其八九

学羿居然有羿风,
千秋何可议逢蒙?
绝怜羿道无消息,
第一亲弯射羿功。

其九〇

过百由旬烟水长,
释迦老子怨津梁。
声闻闭眼三千劫,
悔慕人天大法王。

其九一 [1]

北俊南嬭[2]气不同,
少能炙毂老能聪。
可知销尽劳生骨,
即在方言两卷中。

其九二 [3]

不容水部赋清愁,
新拥牙旗拜列侯。
我替梅花深颂祷,
明年何逊守扬州。

---

1 龚注:凡驺卒,谓予燕人也;凡舟子,谓予吴人也。其有聚而轇轕[轇(jiāo)轕(gé),交错]者,则两为之舌人以通之。
2 嬭(mǐ),柔细的美。
3 龚注:同年何亦民俊,时以知府衔驻黄河。

其九三 [1]

金銮并砚走龙蛇,
无分同探阆苑[2]花。
十一年来春梦冷,
南游且吃玉川茶。

其九四 [3]

黄金脱手赠椎埋,
屠狗无悰[4]百计乖。
侥幸故人仍满眼,
猖狂乞食过江淮。

其九五 [5]

大宙南东久寂寥,
甄陀罗出一枝箫。
箫声容与渡淮去,
淮上魂须七日招。

其九六

少年击剑更吹箫,
剑气箫心一例消。
谁分苍凉归棹[6]后,
万千哀乐集今朝。

---

1 龚注:同年卢心农元良,时知甘泉。
2 阆苑,神仙居住的地方,此处借指翰林院。
3 龚注:过江淮间不困厄,何亦民、卢心农两君力也。
4 悰(cóng),欢乐。
5 龚注:袁浦席上,有限韵赋诗者,得箫字,敬赋三首。
6 棹(zhào),船桨。

其九七

天花拂袂著难销,
始愧声闻力未超。
青史他年烦点染,
定公四纪遇灵箫。

其九八[1]

一言恩重降云霄,
尘劫成尘感不销。
未免初禅怯花影,
梦回持偈谢灵箫。

其九九

能令公愠公复喜,
扬州女儿名小云。
初弦相见上弦别,
不曾题满杏黄裙。

其一〇〇

坐我三薰三沐之,
悬崖撒手别卿时。
不留后约将人误,
笑指河阳镜里丝。

1　龚注:翌晨报谢一首。

其一〇一[1]

美人才调信纵横,
我亦当筵拜盛名。
一笑劝君输一著,
非将此骨媚公卿。

其一〇二[2]

网罗文献吾倦矣,
选色谈空结习存。
江淮狂生知我者,
绿笺百字铭其言。

其一〇三[3]

梨园爨本[4]募谁修?
亦是风花一代愁。
我替尊前深惋惜,
文人珠玉女儿喉。

其一〇四[5]

河汾房杜有人疑,
名位千秋处士卑。
一事平生无龂龁[6],
但开风气不为师。

---

1 龚注:友人访小云于扬州,三至不得见,愠矣。箴之。
2 龚注:读某生与友人书,即书其后。
3 龚注:元人百种,临川四种,悉遭伶师窜改,昆曲俚鄙极矣!酒座中有征歌者,予辄挠阻。
4 爨(cuàn)本,剧本。
5 龚注:予生平不蓄门弟子。
6 龂(yǐ)龁(hé),咬牙,引申为伤害。

其一〇五

生还重喜酹[1]金焦,
江上骚魂亦可招。
隔岸故人如未死,
清樽读曲是明朝。

其一〇六

西来白浪打旌旗,
万舶安危总未知。
寄语瞿塘滩上贾:
收帆好趁顺风时。

其一〇七

少年揽辔澄清意,
倦矣应怜缩手时。
今日不挥闲涕泪,
渡江只怨别蛾眉。

其一〇八

六月十五别甘泉,
是夕丹徒风打船。
风定月出半江白,
江上女郎眠未眠?

1　酹(lèi),洒酒祭奠。

其一〇九[1]

四海流传百轴刊,
皤皤[2]国老尚神完。
谈经忘却三公贵,
只作先秦伏胜看。

其一一〇[3]

蜀冈一老抱哀弦,
阅尽词场意悯然。
绝似琵琶天宝后,
江南重遇李龟年。

其一一一[4]

家公旧治我曾游,
只晓梅村与凤洲。
收拾遗闻浩无涘[5],
东南一部小阳秋。

其一一二[6]

七里虹桥腐草腥,
歌钟词赋两飘零。
不随天市为消长,
文字光芒聚德星。

---

1 龚注:重见予告大学士阮公于扬州。
2 皤(pó)皤,白发苍苍。
3 龚注:重晤秦敦夫编修恩复。
4 龚注:太仓邵子显辑《太仓先哲丛书》八帙,起南宋,迄乾隆中。使予序之。
5 涘(sì),水边。
6 龚注:时上元兰君、太仓邵君为扬州广文,魏默深舍人、陈静庵博士侨扬州,又晤秦玉笙、谢梦渔、刘楚桢、刘孟瞻四孝廉,杨季子都尉。

其一一三

公子有德宜置诸,
有德公子毋忘诸。
我方乞籴忽诵此,
箴铭磊落肝脾虚。

其一一四[1]

诗人瓶水与谟觞,
郁怒清深两擅场。
如此高才胜高第,
头衔追赠薄三唐。

其一一五[2]

荷衣说艺斗心兵,
前辈须眉照座清。
收拾遗闻归一派,
百年终恃小门生。

其一一六

中年才子耽丝竹,
俭岁高人厌薜萝。
两种情怀俱可谅,
阳秋贬笔未宜多。

---

1 龚注：郁怒横逸，舒铁云瓶水斋之诗也。清深渊雅，彭甘亭小谟觞馆之诗也。两君死皆一纪矣。
2 龚注：少时所交多老苍，于乾隆庚辰榜过从最亲厚；次则嘉庆己未，多谈艺之士。两科皆大兴朱文正为总裁官。

其一一七[1]

姬姜古妆不如市,
赵女轻盈蹑锐屣。
侯王宗庙求元妃,
徽音岂在纤厥趾?

其一一八[2]

麟趾袅蹄[3]式可寻,
何须番舶献其琛?
汉家平准书难续,
且仿齐梁铸饼金。

其一一九

作赋曾闻纸贵夸,
谁令此纸遍京华?
不行官钞行私钞,
名目何人饷史家?

其一二〇

促柱危弦太觉孤,
琴边倦眼眄[4]平芜。
香兰自判前因误,
生不当门也被锄。

1　龚注:偶感。
2　龚注:近世行用番钱,以为携挟便也。不知中国自有饼金,见《南史·褚彦回传》,又见唐韩偓诗。
3　麟趾袅蹄,麒麟脚和马蹄。
4　眄(miàn),斜着眼看。

其一二一 [1]

荒青无缝种交加,
月费牛溲[2]定几车?
只是场师消遣法,
不求秋实不看花。

其一二二 [3]

六朝古黛梦中横,
无福秦淮放棹行。
想见钟山两才子,
词锋落月互纵横。

其一二三

不论盐铁不筹河,
独倚东南涕泪多。
国赋三升民一斗,
屠牛那不胜栽禾?

其一二四 [4]

残客津梁握手欷,
多君郑重问乌衣。
故家自怨风流歇,
肯骂无情燕子飞!

---

1 龚注:所儗寓有治圃者,戏赠。
2 溲(sōu),粪尿。
3 龚注:欲如江宁,不果;亦不得马湘帆户部、冯晋渔比部两同年消息。
4 龚注:重晤段君果行、沈君锡东于逆旅,执手言怀。两君,家大人旧宾客也。

其一二五 [1]

九州生气恃风雷,
万马齐喑究可哀。
我劝天公重抖擞,
不拘一格降人材。

其一二六

不容儿辈妄谈兵,
镇物何妨一矫情。
别有狂言谢时望,
东山妓即是苍生。

其一二七

汉代神仙玉作堂,
六朝文苑李男香。
过江子弟倾风采,
放学归来祀卫郎。

其一二八 [2]

黄河女直徙南东,
我道神功胜禹功。
安用迂儒谈故道,
犁然天地划民风。

---

1 龚注:过镇江,见赛玉皇及风神、雷神者,祷祠万数。道士乞撰青词。
2 龚注:渡黄河而南,天异色,地异气,民异情。

其一二九 [1]

陶潜诗喜说荆轲,
想见停云发浩歌。
吟到恩仇心事涌,
江湖侠骨恐无多。

其一三〇

陶潜酷似卧龙豪,
万古浔阳松菊高。
莫信诗人竟平淡,
二分梁甫一分骚。

其一三一

陶潜磊落性情温,
冥报因他一饭恩。
颇觉少陵诗吻薄,
但言朝叩富儿门。

其一三二 [2]

江左晨星一炬存,
鱼龙光怪百千吞。
迢迢望气中原夜,
又有湛卢剑倚门。

---

1 龚注:舟中读陶诗三首。
2 龚注:江阴见李申耆丈、蒋丹棱茂才。丹棱,申耆之门人也。

其一三三[1]

过江籍甚颜光禄,
又作山中老树看。
赖是元龙楼百尺,
雄谈夜半斗牛寒。

其一三四[2]

五十一人忽少三,
我闻陨涕江之南。
箧中都有旧墨迹,
从此袭以玫瑰函。

其一三五

偶赋凌云偶倦飞;
偶然闲慕遂初衣;
偶逢锦瑟佳人问,
便说寻春为汝归。

其一三六[3]

万卷书生飒爽来,
梦中喜极故人回。
湖山旷劫三吴地,
何日重生此霸才?

---

1 龚注:陈登之别驾座上,重晤盛午洲光禄。
2 龚注:闻都中狄广轩侍御、苏宾嵋吏部、夏一卿吏部三同年忽然同逝。
3 龚注:梦顾千里有作。忆己丑岁与君书,订五年相见,君报书云:"敢不忍死以待。"予竟爽约。君以甲午春死矣。

其一三七 [1]

故人有子尚饘[2]粥,
抱君等身大著作。
刘向而后此大宗,
岂同陈晁竞目录。

其一三八 [3]

今日闲愁为洞庭,
荼花凝想吐芳馨。
山人生死无消息,
梦断查湾一角青。

其一三九 [4]

玉立长身宋广文,
长洲重到忽思君。
遥怜屈贾英灵地,
朴学奇才张一军。

其一四〇 [5]

太湖七十溇[6]为墟,
三泖[7]圆斜各有初。
耻与蛟龙竞升斗,
一编聊献郑侨书。

---

1 龚注:千里著《思适斋笔记》,校定六籍、百家,谥[谥(shì),订正]其文字。且生陈、晁后七百载,目录方驾陈、晁,亦足豪矣。嗣君守父书,京师传闻误也。
2 饘(zhān),稠粥。
3 龚注:拟寻洞庭山旧游,不果;亦不得叶山人郙消息。
4 龚注:奉怀宋于庭文作。于庭投老得楚南一令。奇才朴学,二十年前目君语,今无以易也。
5 龚注:陈吴中水利策于同年裕鲁山布政。郑侨,郑亶之子,南宋人(二人实为北宋人,龚自珍误记为南宋),父子皆著三吴水利书。
6 溇(lóu),排水沟。
7 泖(mǎo),水面平静的小湖。

其一四一 [1]

铁师讲经门径仄，
铁师念佛颇得力。
似师毕竟胜狂禅，
师今迟我莲花国。

其一四二 [2]

少年哀艳杂雄奇，
暮气颓唐不自知。
哭过支硎山下路，
重钞梅冶一夜诗。

其一四三 [3]

温良阿㜷泪涟涟，
能说吾家六十年。
见面恍疑悲母在，
报恩祝汝后昆贤。

其一四四 [4]

天教梼杌[5]降家门，
骨肉荆榛不可论。
赖是本支调护力，
若敖不馁怙深恩。

---

[1] 龚注：江铁君沅是予学佛第一导师，先予归一年逝矣。千劫无以酬德，祝其疾生净土。

[2] 龚注：舅氏段右白，葬支硎山，平生诗晚年自涂乙尽。予尚抱其《梅冶轩集》一卷。

[3] 龚注：金媪者，尝保抱予者也。重见于吴中，年八十有七。阿㜷，出《礼记·内则》，今本误为可者。悲母，出《本生心地观经》。

[4] 龚注：到秀水县重见七叔父作。

[5] 梼（táo）杌（wù），神话中上古时期的四凶之一。

其一四五[1]

径山一疏吼寰中,
野烧苍凉吊达公。
何处复求龙象力?
金光明照浙西东。

其一四六[2]

有明像法披猖[3]后,
荷担如来两尊宿。
龙树马鸣齐现身,
我闻大地狮子吼。

其一四七[4]

道场馣馤[5]雨花天,
长水宗风在目前。
一任拣机参活句,
莫将文字换狂禅。

其一四八[6]

一脉灵长四叶貂,
谈经门祚郁[7]岧峣[8]。
儒林几见传苗裔?
此福高邮冠本朝。

---

1 龚注:明紫柏大师刻《大藏》,板在径山。康熙中,由径山迁嘉兴之楞严寺。今什不存四矣。求天台宗各书印本,亦无所得。
2 龚注:拜紫柏、蕅益两大师像。
3 披猖,破败衰落。
4 龚注:示楞严讲主逸云。讲主新刻明人《楞严宗通》一书,故云。
5 馣(ān)馤(ài),香气。
6 龚注:访嘉兴太守王子仁。子仁,文肃公曾孙,石臞孙,吾师文简公子。
7 郁,深茂。
8 岧(tiáo)峣(yáo),高峻。

其一四九[1]

只将愧汗湿莱衣,
悔极堂堂岁月违。
世事沧桑心事定,
此生一跌莫全非。

其一五〇[2]

里门风俗尚敦庞,
年少争为齿德降。
桑梓温恭名教始,
天涯何处不家江?

其一五一

小别湖山劫外天,
生还如证第三禅。
台宗悟后无来去,
人道苍茫十四年。

其一五二

浙东虽秀太清孱,
北地雄奇或犷顽。
踏遍中华窥两戒,
无双毕竟是家山。

---

1 龚注:于七月初九日到杭州,家大人时年七十有三,倚门望久矣。
2 龚注:家大人扶杖出游,里少年皆起立。

其一五三

亲朋岁月各萧闲,
情话缠绵礼数删。
洗尽东华尘土否?
一秋十日九湖山。

其一五四[1]

高秋那得吴虹生,
乘轺西子湖边行。
一丘一壑我前导,
重话东华送我情。

其一五五[2]

除却虹生忆黄子,
曝衣忽见黄罗衫。
文章风谊细评度,
岭南何减江之南?

其一五六[3]

家住钱塘四百春,
匪将门阀傲江滨。
一州典故闲征遍,
撰杖观涛得几人?

---

1 龚注:时已知浙中两使者消息,非吴虹生也。祝其他日使车莅止耳。
2 龚注:谓蓉石比部。
3 龚注:八月十八日侍家大人观潮。

其一五七[1]

问我清游何日最？
木樨风外等秋潮。
忽有故人心上过，
乃是虹生与子潇。

其一五八[2]

灵鹫高华夜吐云，
山凹指点旧家坟。
千秋名教吾谁愧？
愧读羲之誓墓文。

其一五九[3]

乡国论文集古欢，
幽人三五薜萝看。
从知阆苑桃花色，
不及溪松耐岁寒。

其一六〇[4]

眼前石屋著书象，
三世十方齐现身。
各搦[5]著书一枝笔，
各有洞天石屋春。

1　龚注：吴虹生及固始蒋子潇孝廉也。
2　龚注：表弟吴鹭云，先世丙舍在灵鹫下，绘图乞一诗。时予不至先慈殡宫十四年矣。
3　龚注：晤曹葛民籀、徐问蘧㮚、王雅台熊吉、陈觉庵春晓诸君。
4　龚注：葛民以画象乞题，为说假观偈。
5　搦（nuò），执，握。

其一六一 [1]

如何从假入空法？
君亦莫问我莫答。
若有自性互不成，
互不成者谁佛刹？

其一六二 [2]

振绮堂中万轴书，
乾嘉九野有谁如？
季方玉粹元方死，
握手城东问蠹鱼。

其一六三 [3]

与吾同祖砚北者，
仁愿如兄壮岁亡。
从此与谁谈古处？
马婆巷外立斜阳。

其一六四 [4]

醰醰诸老悭瞻依，
父齿随行亦未稀。
各有清名闻海内，
春来各自典朝衣。

1　龚注：为西湖僧讲《华严》一品竟，又说此偈。
2　龚注：汪小米舍人死矣！见其哲弟又村员外。
3　龚注：吊从兄竹楼。
4　龚注：时乡先辈在籍，科目、年齿与家大人颉颃者五人：姚亮甫、陈坚木两侍郎，张云巢醝使[醝（cuó）使，盐运使]，张静轩、胡书农两学士。

其一六五[1]

我言送客非佛事，
师言不送非佛智。
双照送是不送是，
金光大地乔松寺。

其一六六[2]

震旦狂禅沸不支，
一灯慧命续如丝。
灵山未歇宗风歇，
已过庞家日眚[3]时。

其一六七[4]

曩向[5]真州订古文，
飞龙滂熹折纷纭。
经生家法从来异，
拓本模糊且饷君。

其一六八

闭门三日了何事？
题图祝寿谀人诗。
双文单笔记序偈，
笔秃幸趁酒熟时。

---

1 龚注：重见慈风法师于乔松庵。叩以台宗疑义，聋不答。送予至山门，予辞。师正色曰：是佛法。
2 龚注：钱△（△音伊，佛经中的字）庵居士死矣！得其晚年所著《宗埕》二卷。
3 眚（shěng），白内障。
4 龚注：在京师，阮芸台师属为齐侯中罍二壶（周代铜器，共两器，一称齐侯罍，一称齐侯中罍）释文。兹吾师觅六舟僧手拓精本，分寄徐问蘧，别释一通。因柬问蘧。
5 曩向，从前。

其一六九 [1]

劘[2]之道义拯之难,
赏我出处好我书。
史公副墨问谁氏?
屈指首寄虬髯吴。

其一七〇

少年哀乐过于人,
歌泣无端字字真。
既壮周旋杂痴黠,
童心来复梦中身。

其一七一

貗貐[3]貗貐厉牙齿,
求覆我祖十世祀。
我请于帝诅于鬼,
亚驼巫阳苤鸡豕。

其一七二

昼梦亚驼告有熹[4],
明年三月貗貐死。
大神夒枭殄[5]枭子,
焚香敬告少昊氏。

1　龚注:欲以全集一分寄虹生,未写竟。
2　劘(mó),同磨。
3　貗(yà)貐(yǔ),传说中吃人的恶兽。
4　熹,即喜,喜讯。
5　殄,灭绝。

其一七三 [1]

碧涧重来荐一毛，
杉楠喜比往时高。
故人地下仍相护，
驱逐狐狸赖尔曹。

其一七四 [2]

志乘英灵琐屑求，
岂其落笔定阳秋？
百年子姓殷勤意，
忍说挑灯为应酬！

其一七五 [3]

琼林何不积缗泉 [4]？
物自低昂人自便。
我与徐公筹到此，
朱提山竭亦无权。

其一七六 [5]

俎 [6] 脍飞沉竹肉喧，
侍郎十日敞清尊。
东南不可无斯乐，
濡笔亲题第四园。

---

1 龚注：吊朱大发、洪士华。二人为先祖守茔者也。先母殡宫在先祖侧，地名花园埂也。
2 龚注：乞留墨数行为异日相思之资者，填委牖户。惟撰次先世事行，属为家传、墓表，则详审为之，多存稿者。
3 龚注：近日银贵，有司苦之。古人粟红贯朽，是公库不必皆纳镪 [镪（qiǎng），白银] 也。予持论如此。徐铁孙大令荣论与予合。
4 缗（mín）泉，即缗钱，成串的铜钱。
5 龚注：过严小农侍郎富春山馆，觞咏旬日。其地为明金尚书别墅，杭人犹称金衙庄。予品题天下名园，金衙庄居第四。
6 俎（zǔ），砧板。

其一七七[1]

藏书藏帖两高人，
目录流传四十春。
师友凋徂心力倦，
羽琤一记亦荆榛。

其一七八[2]

儿谈梵夹婢谈兵，
消息都防父老惊。
赖是摇鞭吟好句，
流传乡里只诗名。

其一七九[3]

吴郎与我不相识，
我识吴郎拂画看。
此外若容添一语，
含元殿里觅长安。

其一八〇[4]

科名掌故百年知，
海岛[5]畴人奉大师。
如此奇才终一令，
蠹鱼零落我归时。

---

1 龚注：吊赵晋斋魏、何梦华元锡两处士。两君为予谬正《金石墨本记》者也。
2 龚注：到家之日，早有传诵予出都留别诗者，时有"诗先人到"之谣。
3 龚注：从妹粤生与予昔别时才髫龄，今已寡矣。妹婿吴郎，予固未尝识面也。粤生以其遗像乞题，因说此偈。
4 龚注：吊黎见山同年应南。见山，顺德人，官平阳令，卒于杭州。
5 海岛，即《海岛算经》，古代测量术著作。

其一八一[1]

惠逆同门复同薮，
谋臧不臧视朋友。
我兹怦然谋乃心，
君已砉然[2]脱诸口。

其一八二[3]

秋风张翰计蹉跎，
红豆年年掷逝波。
误我归期知几许？
蟾圆十一度无多。

其一八三

拊心消息过江淮，
红泪淋浪避客揩。
千古知言汉武帝，
人难再得始为佳。

其一八四

小楼青对凤凰山，
山影低徊黛影间。
今日当窗一奁镜，
空王来证鬓丝斑。

---

1 龚注：陈硕甫秀才奂，为予规画北行事，明白犀利，足征良友之爱。
2 砉（huā）然，动作迅速干脆的声音。
3 龚注：以下十有六首，杭州有所追悼而作。

其一八五

娇小温柔播六亲,
兰姨琼姊各沾巾。
九泉肯受狂生誉?
艺是针神貌洛神。

其一八六

阿娘重见话遗徽[1],
病骨前秋盼我归。
欲寄无因今补赠:
汗巾钞袋枕头衣。

其一八七

云英未嫁损华年,
心绪曾凭阿母传。
偿得三生幽怨否?
许侬亲对玉棺眠。

其一八八

杭州风俗闹兰盆,
绿蜡金炉梵唱繁。
我说天台三字偈,
胜娘膜拜礼沙门。

---

1 遗徽,死者生前的美好德行。

其一八九

残绒堆积绣窗间,
慧婢商量赠指环。
但乞崔徽遗像去,
重摹一帧供秋山。

其一九〇

昔年诗卷驻精魂,
强续狂游拭涕痕。
拉得藕花衫子婢,
篮舆仍出涌金门。

其一九一

蟠夔小印镂珊瑚,
小字高华出汉书。
原是狂生漫题赠,
六朝碑例合镌无?

其一九二

花神祠与水仙祠,
欲订源流愧未知。
但向西泠添石刻,
骈文撰出女郎碑。

其一九三

小婢口齿蛮复蛮,
秋衫红泪潸复潸。
眉痕约略弯复弯,
婢如夫人难复难。

其一九四

女儿魂魄完复完,
湖山秀气还复还。
炉香瓶卉残复残,
他生重见艰复艰。

其一九五

天将何福予蛾眉?
生死湖山全盛时。
冰雪无痕灵气杳,
女仙不赋降坛诗。

其一九六

一十三度溪花红,
一百八下西溪钟。
卿家沧桑卿命短,
渠侬不关关我侬。

其一九七

一百八下西溪钟,
一十三度溪花红。
是恩是怨无性相,
冥祥记里魂朦胧。

其一九八[1]

草创江东署羽陵,
异书奇石小崚嶒[2]。
十年松竹谁留守?
南渡飞扬是中兴。

其一九九[3]

墅东修竹欲连天,
苦费西邻买笋钱。
此是商鞅垦土令,
不同凿空误开边。

其二〇〇[4]

灵箫合贮此灵山,
意思精微窈窕间。
丘壑无双人地称,
我无拙笔到眉弯。

---

1 龚注:复墅。
2 崚(léng)嶒(céng),山势突兀高峻。
3 龚注:拓墅。
4 龚注:祈墅。

其二〇一[1]

此是春秋据乱作,
升平太平视松竹。
何以功成文致之?
携箫飞上羽琌阁。

其二〇二

料理空山颇费才,
文心兼似画家来。
矮茶密致高松独,
记取先生亲手栽。

其二〇三[2]

君家先茔邓尉侧,
佳木生之杂绀碧。
不看人间顷刻花,
他年管领风云色。

其二〇四[3]

可惜南天无此花,
腰身略似海棠斜。
难忘槐市街南宅,
小疏群芳稿一车。

---

1 龚注:又祈墅。
2 龚注:从西邻徐屏山乞树栽,屏山允至邓尉求之。
3 龚注:忆京师鸢枝花。

其二〇五[1]

可惜南天无此花,
丽情还比牡丹奢。
难忘西掖归来早,
赠与妆台满镜霞。

其二〇六[2]

不是南天无此花,
北肥南瘦二分差。
愿移北地燕支社,
来问南朝油壁车。

其二〇七[3]

弱冠寻芳数岁华,
玲珑万玉嫭[4]交加。
难忘细雨红泥寺,
湿透春裘倚此花。

其二〇八[5]

女墙百雉乱红酣,
遗爱真同召伯甘。
记得花阴文宴[6]屡,
十年春梦寺门南。

---

1 龚注:忆京师芍药。
2 龚注:忆海棠。
3 龚注:忆丁香。
4 嫭(hù),美好。
5 龚注:忆丰宜门外花之寺董文恭公手植之海棠一首。
6 文宴,赋诗论文的宴会。

其二〇九[1]

空山徙倚倦游身,
梦见城西阆苑春。
一骑传笺朱邸晚,
临风递与缟衣人。

其二一〇[2]

缱绻依人慧有馀,
长安俊物最推渠。
故侯门第歌钟歇,
犹办晨餐二寸鱼。

其二一一[3]

万绿无人嘒一蝉,
三层阁子俯秋烟。
安排写集三千卷,
料理看山五十年。

其二一二

海西别墅吾息壤,
羽琌三重拾级上。
明年俯看千树梅,
飘飖[4]亦是天际想。

---

1 龚注:忆宣武门内太平湖之丁香花一首。
2 龚注:忆北方狮子猫。
3 龚注:欲写全集清本数十分,分贮友朋家。
4 飘飖(yáo),即飘摇。

其二一三[1]

此阁宜供天人师，
檀香三尺博士为。
阮公施香孰施字？
徐公字似萧梁碑。

其二一四[2]

男儿解读韩愈诗，
女儿好读姜夔词。
一家倘许圆鸥梦，
昼课男儿夜女儿。

其二一五[3]

倘容我老半锄边，
不要公卿寄俸钱。
一事避君君匿笑：
刘郎才气亦求田。

其二一六[4]

瑰癖消沈结习虚，
一篇典宝古文无。
金灯出土苔花碧，
又照徐陵读汉书。

---

1 龚注：造佛像之匠谓之博士，出《摩利支天经》。予供天台智者大师檀香像，徐问蘧为予书扁曰：观不思议境。书楹联曰：智周万物而无所思，言满天下而未尝议。
2 龚注：时眷属尚留滞北方。近人郭频伽画《鸥梦圆图》，予亦仿之。
3 龚注：俭岁，有鹥田六亩者，予愿得之。友人来问此事。
4 龚注：沪上徐文台得汉宫雁足灯，以拓本见寄，乞一诗。是时予收藏古吉金星散，见于《羽琹山典宝记》者，百存一二。

其二一七 [1]

回肠荡气感精灵,
座客苍凉酒半醒。
自别吴郎高咏减,
珊瑚击碎有谁听?

其二一八

随身百轴字平安,
身世无如屠钓宽。
耻学赵家臣宰例,
归来香火乞祠官。

其二一九

何肉周妻业并深,
台宗古辙幸窥寻。
偷闲颇异凡夫法,
流水池塘一观心。

其二二〇 [2]

皇初任土乃作贡,
卅七亩山可材众。
媪神笑予无贫法,
丹徒陆生言可用。

1　龚注：曩在虹生座上，酒半，咏宋人词，呜呜然。虹生赏之，以为善于顿挫也。近日中酒，即不能高咏矣。
2　龚注：吾友陆君献，著种树书，大指言天下之大利必任土；"货殖"乃"货植"也；有土十亩，即无贫法。昔年曾序之。

其二二一[1]

西墙枯树态纵横，
奇古全凭一臂撑。
烈士暮年宜学道，
江关词赋笑兰成。

其二二二[2]

秋光媚客似春光，
重九尊前草树香。
可记前年宝藏寺？
西山暮雨怨吴郎。

其二二三[3]

似笑山人不到家，
争将晚节尽情夸。
三秋不陨芙蓉马，
九月犹开窅窳[4]花。

其二二四

莱菔生儿芥有孙，
离披秋霰委黄昏。
青松心事成无赖，
只阅前山野烧痕。

---

1 龚注：羽琌之西，有枯枣一株，不忍斧去。
2 龚注：丁酉重九，与徐星伯前辈、吴虹生同年，连骑游西山之宝藏寺，归鞍骤雨。重九前三夕作此诗，阁笔而雨。
3 龚注：马[马（hàn），花的蓓蕾]，徐锴音乎感切。
4 窅（yǎo）窳（yǔ），桂花。

其二二五

银烛秋堂独听心,
隔帘谁报雨沉沉?
明朝不许沿溪赏,
已没溪桥一尺深。

其二二六

空观假观第一观,
佛言世谛不可乱。
人生宛有去来今,
卧听檐花落秋半。

其二二七

剩水残山意度深,
平生几緉[1]屐难寻。
栽花郑重看花约,
此是刘郎迟暮心。

其二二八[2]

复墅拓墅祈墅了,
吾将北矣乃图南。
无妻怕学林逋独,
有子肯为王霸惭。

---

1 緉（liǎng），量词，一双，专用于鞋袜。
2 龚注：料理别墅稍露崖略，将自往北方迎眷属归以实之。

其二二九[1]

从今誓学六朝书，
不肄山阴肄隐居。
万古焦山一痕石，
飞升有术此权舆。

其二三〇[2]

二王只合为奴仆，
何况唐碑八百通！
欲与此铭分浩逸，
北朝差许郑文公。

其二三一

九流触手绪纵横，
极动当筵炳烛情。
若使鲁戈真在手，
斜阳只乞照书城。

其二三二[3]

诗谶吾生信有之，
预怜夜雨闭门时。
三更忽轸哀鸿思，
九月无襦淮水湄。

---

1 龚注：泾县包慎伯赠予《瘗鹤铭》[瘗（yì），埋葬。《瘗鹤铭》即埋葬死去的家鹤写下的纪念文字]。九月十一日，坐雨于羽琌山馆，漫题其后。
2 龚注：再跋旧拓《瘗鹤铭》。谓北魏兖州刺史郑羲碑，郑道昭书。
3 龚注：出都时，有空山夜雨之句，今果应。今秋自淮以南，千里苦雨。

其二三三

燕兰识字尚聪明，
难遣当筵迟暮情。
且莫空山听雨去，
有人花底祝长生。

其二三四 [1]

连宵灯火宴秋堂，
绝色秋花各断肠。
又被北山猿鹤笑，
五更浓挂一帆霜。

其二三五

美人信有错刀投，
不负张衡咏四愁。
爇[2]罢心香屡回顾，
古时明月照杭州。

其二三六 [3]

阻风无酒倍消魂，
况是残秋岸柳髡？
赖有阿咸情话好，
一帆冷雨过娄门。

---

1 龚注：于九月十五日晨发矣。
2 爇（ruò），点燃，焚烧。
3 龚注：从子剑塘送我于苏州。

其二三七[1]

杭州梅舌酸复甜，
有笋名曰虎爪尖。
芼[2]以苏州小橄榄，
可敌北方冬菘腌。

其二三八[3]

拟策孤筇[4]避冶游，
上方一塔俯清秋。
太湖夜照山灵影，
顽福甘心让虎丘。

其二三九[5]

阿咸从我十日游，
遇管城子[6]于虎丘。
有笔可櫜[7]不可投，
簪笔致身公与侯。

其二四〇[8]

濯罢鲛绡镜槛凉，
无端重试午时妆。
新诗急记消魂事，
分与胭脂一掬汤。

---

1 龚注：杭人捣梅子杂姜桂糁之，名曰梅舌儿。
2 芼（mào），拌。
3 龚注：上方山在太湖南。
4 筇（qióng），竹手杖。
5 龚注：剑塘买笔筒，乞铭之。
6 管城子，毛笔的别称。
7 櫜，笔袋。
8 龚注：重过扬州有纪。

其二四一

少年尊隐有高文,
猿鹤真堪张一军。
难向史家搜比例,
商量出处到红裙。

其二四二

谁肯心甘薄倖名?
南舣北驾怨三生。
劳人只有空王[1]谅,
那向如花辨得明?

其二四三

怕听花间惜别辞,
伪留片语订来期。
秦邮驿近江潮远,
是剔银灯诅我时。

其二四四[2]

停帆预卜酒杯深,
十日无须逆旅金。
莫怨津梁为客久,
天涯有弟话秋心。

---

1 空王,对佛的尊称。
2 龚注:从弟景姚,以丹阳丞驻南河。予到浦,馆其廨中。

其二四五 [1]

豆蔻芳温启瓠犀,
伤心前度语重提。
牡丹绝色三春暖,
岂是梅花处士妻?

其二四六 [2]

对人才调若飞仙,
词令聪华四座传。
撑住南东金粉气,
未须料理五湖船。

其二四七

鹤背天风堕片言,
能苏万古落花魂。
征衫不渍寻常泪,
此是平生未报恩。

其二四八

小语精微沥耳圆,
况聆珠玉泻如泉。
一番心上温馞[3]过,
明镜明朝定少年。

---

1 龚注:己亥九月二十五日,重到袁浦。十月六日渡河去。留浦十日,大抵醉梦时多醒时少也。统名之曰《瘗词》[瘗(yì)词,梦话]。
2 龚注:此二章,谢之也。
3 温馞(nún),温暖芳香。

其二四九

何须宴罢始留髡[1]，
绛蜡床前款一尊。
姊妹隔花催送客，
尚拈罗带不开门。

其二五〇[2]

去时栀子压犀簪，
次第寒花掐到今。
谁分江湖摇落后，
小屏红烛话冬心。

其二五一

盘堆霜实擘庭榴，
红似相思绿似愁。
今夕灵飞何甲子？
上清斋设记心头。

其二五二

风云材略已消磨，
甘隶妆台伺眼波。
为恐刘郎[3]英气尽，
卷帘梳洗望黄河。

---

1 留髡（kūn），留下特别亲密的客人，也指酒醉。髡，即淳于髡，战国时齐国大夫。
2 龚注：是夕立冬。
3 刘郎，情郎，作者自指。

其二五三

玉树坚牢不病身，
耻为娇喘与轻颦。
天花岂用铃旛护，
活色生香五百春。

其二五四

眉痕英绝语谡谡，
指挥小婢带韬略。
幸汝生逢清晏时，
不然剑底桃花落。

其二五五

凤泊鸾飘别有愁，
三生花草梦苏州。
儿家门巷斜阳改，
输与船娘住虎丘。

其二五六

一自天锤第一流，
年来花草冷苏州。
儿家心绪无人见，
他日埋香要虎丘。

其二五七

难凭肉眼识天人，
恐是优昙示现身。
故遣相逢当五浊，
不然谁信上仙沦？

其二五八

云英化水景光新，
略似骖[1]鸾缥缈身。
一队画师齐敛手，
只容心里贮秾春。

其二五九

酾[2]江作醅[3]亦不醉，
倾河解渴亦不醒。
我侬醉醒自有例，
肯向渠侬侧耳听！

其二六〇

收拾风花傥荡诗，
凌晨端坐一凝思。
勉求玉体长生诀，
留报金闺国士知。

---

1 骖（cān），车辕两旁的马，指代乘驾。
2 酾（shī），过滤酒，斟酒。
3 醅（pēi），未过滤的酒。

其二六一

绝色呼他心未安,
品题天女本来难。
梅魂菊影商量遍,
忍作人间花草看?

其二六二

臣朔家原有细君,
司香燕姞[1]略知文。
无须诇[2]我山中事,
可肯花间领右军?

其二六三

道韫谈锋不落诠,
耳根何福受清圆?
自知语乏烟霞气,
枉负才名三十年。

其二六四

喜汝文无一笔平,
堕侬五里雾中行。
悲欢离合本如此,
错怨蛾眉解用兵。

1　燕姞(jí),春秋时郑文公的姬妾。
2　诇(xiòng),探听。

其二六五

美人才地太玲珑,
我亦阴符满腹中。
今日帘旌秋缥缈,
长天飞去一征鸿。

其二六六

青鸟衔来双鲤鱼,
自缄红泪请回车。
六朝文体闲征遍,
那有萧娘谢罪书?

其二六七

电笑何妨再一回,
忽逢玉女谏书来。
东王万八千骁尽,
为报投壶乏箭材。

其二六八

万一天填恨海平,
羽琌安稳贮云英。
仙山楼阁寻常事,
兜率甘迟十劫生。

其二六九

美人捭阖计频仍，
我佩阴符亦可凭。
绾就同心坚俟汝，
羽琌山下是西陵。

其二七〇

身世闲商酒半醺，
美人胸有北山文。
平交百辈悠悠口，
揖罢还期将相勖。

其二七一 [1]

金釭[2]花烬月如烟，
空损秋闺一夜眠。
报道妆成来送我，
避卿先上木兰船。

其二七二 [3]

未济终焉心缥缈，
百事翻从阙陷好。
吟到夕阳山外山，
古今谁免馀情绕？

---

1 龚注：《寱词》止于此。
2 金釭（gāng），铜油灯。
3 龚注：渔沟道中题壁一首。

其二七三[1]

欲求缥缈反幽深，
悔杀前番拂袖心。
难学冥鸿不回首，
长天飞过又遗音。

其二七四[2]

明知此浦定重过，
其奈尊前百感何？
亦是今生未曾有，
满襟清泪渡黄河。

其二七五

绝业名山幸早成，
更何方法遣今生？
从兹礼佛烧香罢，
整顿全神注定卿。

其二七六

少年虽亦薄汤武，
不薄秦皇与武皇。
设想英雄垂暮日，
温柔不住住何乡？

---

1 龚注：渔沟道中奉寄一首。
2 龚注：众兴道中再奉寄一首。

其二七七 [1]

客心今雨昵 [2] 旧雨，
江痕早潮收暮潮。
新欢且问黄婆渡，
影事休提白傅桥。

其二七八 [3]

阅历天花悟后身，
为谁出定亦前因。
一灯古店斋心坐，
不似云屏梦里人。

其二七九 [4]

此身已作在山泉，
涓滴无由补大川。
急报东方两星使，
灵山吐溜为粮船。

其二八〇 [5]

昭代恩光日月高，
烝彝十器比球刀。
吉金打本千行在，
敬拓斯文冠所遭。

---

1 龚注：顺河集又题壁三首。
2 昵，同暱。
3 龚注：顺河道中再奉寄一首，仍敬谢之，从此不复为此人有诗矣。寄此诗是十月十日也。越两月，自北回，重到袁浦，问讯其人，已归苏州闭门谢客矣。其出处心迹亦有不可测者，附记于此。
4 龚注：时东河总督檄问泉源之可以济运者，吾友汪孟慈户部董其事。铜山县北五十里曰柳泉，泉涌出；滕县西南百里曰大泉，泉悬出，吾所目见也。诗寄孟慈，并寄徐镜溪工部。
5 龚注：谒至圣庙，瞻仰纯庙所颁祭器十事，得拓本以归。

其二八一 [1]

少年无福过阙里 [2],
中年著书复求仕。
仕幸不成书幸成,
乃敢斋祓告孔子。

其二八二 [3]

少为贱士抱弗宣,
壮为祠曹默益坚。
议则不敢腰膝在,
庑下一揖中夷然。

其二八三

曩将奄宅证淹中,
肃肃微言馨欬 [4] 逢。
肯拓同文门畔石?
古心突过汉朝松。

其二八四 [5]

江左吟坛百辈狂,
谁知阙里是词场?
我从宅壁低徊听,
丝竹千秋尚绕梁。

---

1 龚注:曩至兖州,不至曲阜。岁癸未,《五经大义终始论》成;壬辰,《群经写官答问》成;癸巳,《六经正名论》成,《古史钩沉论》又成,乃慨然曰:可以如曲阜谒孔林矣。今年冬,乃谒林。斋于南沙河,又斋于梁家店。
2 阙里,孔子故里,借指曲阜孔庙。
3 龚注:两庑从祀儒者,有拜,有弗拜,亦有强予一揖不可者。
4 馨(qǐng)欬(kài),谈笑,借指一言一笑的神态。
5 龚注:时曲阜令王君大淮,其弟大堉,其子鸿,皆工诗。孔氏则有孔绣山宪彝,宪彝弟宪庚,孔氏之甥郑宪铨,皆诗人也。

其二八五[1]

嘉庆文风在目前,
记同京兆鹿鸣筵。
白头相见山东路,
谁惜荷衣两少年?

其二八六[2]

少年奇气称才华,
登岱还浮八月槎。
我过东方亦无负,
清尊三宿孔融家。

其二八七[3]

子云壮岁雕虫感,
掷向洪流付太虚。
从此不挥闲翰墨,
男儿当注壁中书。

其二八八[4]

倘作家书寄哲兄,
淮阴重话七年情。
门前报有关山客,
来听西斋夜雨声。

---

1 龚注:酬曲阜令王海门。海门,吾庚午同年也。
2 龚注:馆于孔经阁宪庚家,题《经阁观海图》。
3 龚注:经阁投诗江中,作《云水诗瓢图》。
4 龚注:时经阁兄绣山方游京师。《淮阴鸿爪图》,绣山、经阁所合作也。

其二八九[1]

家有凌云百尺条，
风烟培护渐岩峣。
生儿只识秦碑字，
脆弱芝兰笑六朝。

其二九〇[2]

盗诗补诗还祭诗，
子梅诗史何恢奇？
鄙人劝君割荣者，
努力删诗壮盛时。

其二九一[3]

诗格摹唐字有棱，
梅花官阁夜锼[4]冰。
一门鼎盛亲风雅，
不似苍茫杜少陵。

其二九二[5]

八龄梦到矍相圃，
今日五君来作主。
我欲射侯陈礼容，
可惜行装无白羽。

1　龚注：《海门种松图》。
2　龚注：王子梅鸿《祭诗图》。
3　龚注：王秋坨大堉《苍茫独立图》。
4　锼（sōu），镂刻。
5　龚注：王海门及弟秋坨、嗣君子梅、孔经阁、郑子斌五君，饯之于矍相圃。

其二九三 [1]

忽向东山感岁华，
恍如庾岭对横斜。
敢参黄面瞿昙句，
此是森森阙里花。

其二九四 [2]

前车辙浅后车缩，
两车勒马让先跃。
何况东阳绛灌年，
贾生攘臂定礼乐。

其二九五 [3]

古人用兵重福将，
小说家明因果状。
不信古书愎用之，
水厄淋漓黑貂丧。

其二九六

天意若曰汝毋北，
覆车南沙书卷湿。
汶阳风雨六幕黑，
申以东平三尺雪。

---

1 龚注：时才十月，忽开蜡梅一枝，经阁折以伴行。
2 龚注：见两车子相掉罄，有感。
3 龚注：或荐仆至，其相不吉，自言事十主皆失官。予不信，使庀[庀(pǐ)，准备，收拾]物，物过手辄败；使雇车，车覆者四；幸予先辞官矣。《法苑珠林》及明小说皆有此事，记之以贻纂类书者。

其二九七[1]

苍生气类古犹今，
安用冥鸿物外吟？
不是九州同急难，
尼山谁识怃然心？

其二九八

九边烂熟等雕虫，
远志真看小草同。
枉说健儿身手在，
青灯夜雪阻山东。

其二九九[2]

任丘马首有筝琶，
偶落吟鞭便驻车。
北望觚棱[3]南望雁，
七行狂草达京华。

其三〇〇[4]

房山一角露崚嶒，
十二连桥夜有冰。
渐近城南天尺五，
回灯不敢梦觚棱。

---

1 龚注：北行覆车者四，车陷淖中者二，皆赖途人以免。
2 龚注：遣一仆入都迎眷属，自驻任丘县待之。
3 觚棱，宫殿上转角处的瓦脊。借指京城。
4 龚注：儿子书来，乞稍稍北，乃进次于雄县；又请，乃又进次于固安县。

其三〇一[1]

艰危门户要人持,
孝出贫家谚有之。
葆汝心光淳闷在,
皇天竺胙[2]总无私。

其三〇二

虽然大器晚年成,
卓荦全凭弱冠争。
多识前言畜其德,
莫抛心力贸才名。

其三〇三

俭腹高谈我用忧,
肯肩朴学胜封侯。
五经烂熟家常饭,
莫似而翁歠[3]九流。

其三〇四

图籍移从肺腑家,
而翁学本段金沙。
丹黄字字皆珍重,
为裹青毡载一车。

---

1 龚注:儿子昌匏书来,以四诗答之。
2 竺胙(zuò),同笃胙,丰厚福报。
3 歠(chuò),吸、喝。

其三○五[1]

欲从太史窥春秋,
勿向有字句处求。
抱微言者太史氏,
大义显显则予休。

其三○六

家园黄熟半林柑,
抛向筠笼载两三。
风雪盈裾好持赠,
预教诗婢识江南。

其三○七[2]

从此青山共鹿车,
断无只梦堕天涯。
黄梅淡冶山矾靓,
犹及双清好到家。

其三○八[3]

六义亲闻鲤对时,
及身删定答亲慈。
刬除[4]风雪关山句,
归到高堂好背诗。

---

1 龚注:儿子昌匏书来,问《公羊》及《史记》疑义,答以二十八字。
2 龚注:眷属于冬至后五日出都。
3 龚注:今年七月,蒙家大人垂询文集定本,命呈近诗。
4 刬(chǎn)除,废除,铲除。

其三〇九[1]

论诗论画复论禅，
三绝门风海内传。
可惜语儿溪畔路，
白头无分棹归舷。

其三一〇[2]

使君谈艺笔通神，
斗大高阳酒国春。
消我关山风雪怨，
天涯握手尽文人。

其三一一[3]

画禅有女定清真，
合配琳琅万轴身。
百里畿南风雪路，
我来着手竟成春。

其三一二[4]

古愁莽莽不可说，
化作飞仙忽奇阔。
江天如墨我飞还，
折梅不畏蛟龙夺。

---

1 龚注：方铁珊参军饯之于保阳。铁珊名廷瑚，石门人。父薰，字兰士，以诗画名，好佛。君有父风。年七十矣，犹宦畿南。
2 龚注：陈笠雨明府饯之于高阳。笠雨名希敬，海昌人，以进士为令，史甚熟，诗、古文甚富。
3 龚注：铁珊有女及笄，笠雨丧偶，使予为蹇修焉。
4 龚注：十二月十九日，携女辛游焦山，归舟大雪。

其三一三 [1]

惠山秀气迎客舟，
七十里外心先投。
惠山妆成要妆镜，
惠泉那许东北流？

其三一四 [2]

丹实琼花海岸旁，
羽琎山似崸[3]之阳。
一家可惜仍烟火，
未问仙人辟谷方。

其三一五

吟罢江山气不灵，
万千种话一灯青。
忽然搁笔无言说，
重礼天台七卷经。

---

1 龚注：廿二日携女辛游惠山。
2 龚注：岁不尽五日，安顿眷属于海西羽琎之山，戏示阿辛。
3 崸（mì），《山海经》中所载山名。

* 原诗部分以《龚自珍己亥杂诗》(中华书局 2019 年版)为底本,参校以《龚自珍诗集编年校注》(上海古籍出版社 2013 年版)、《龚自珍己亥杂诗注》(中华书局 2019 年版)。

〔后记〕

戊戌年将尽,我敷衍铺陈龚自珍《己亥杂诗》一书的初稿完毕,跟自己说:"致敬一百八十年前的《己亥杂诗》。"

2019年是中国农历的己亥年,1839年己亥年,龚自珍写下了传世的《己亥杂诗》。

龚自珍的《己亥杂诗》是中国文学史上罕见的大型组诗(315首),从己亥年的四月二十三日,写到同年十二月二十六日。论者认为它是一座千门万户的华美大厦。

龚自珍是中国文学史上最后一位可与李白、杜甫、苏轼等并列的旧体诗词大家,也堪称中国古代最后一位,也是近代最初一位大思想家,论者以为他一如恩格斯笔下的"但丁"。他的《己亥杂诗》既是自传,是他的"神曲"、天堂和地狱,又是传统中国的人格美学、生活美学的示范,全面反映了传统中国个体生命的大视野、大情怀。

我在为《时间之书》再版所写的小记中说:"最近在研读龚自珍的时候,突然记起这个'中国的但丁',人们只注意到胡适、鲁迅是启蒙思想家,很少意识到他们以及康有为、梁启超等人还有一个共同的启蒙者——龚自珍。是的,'五四'不是凭空出现的,只有接纳了康、梁、胡、鲁们的启蒙思想家龚自珍,我们才能理解'五四'在中国历史上的突围之功。如果说百年中国在胡适、鲁迅的思想影响下发展,我们可以想见,如果当代汉语世界由此上溯,接续龚自珍及其之前的古典中国,那么,我们的思想资源会丰富得多。"

己亥年将至,朋友请为汉语世界拟一联语,再三易稿,得一联:

百年惊心,去留昆仑皆肝胆;
九州生气,齐喑万马恃风雷。

此书稿校订将毕之际,又集得龚诗一首,计十多年来,集有三首。

其一
不是逢人苦誉君,文字缘同骨肉深。
声闻闭眼三千劫,壮岁曾为九牧箴。

其二
华年心力九分殚,进退雍容史上难。

何敢自矜医国手，几人怒马出长安？

其三
少年哀艳杂雄奇，倦矣应怜缩手时。
世事沧桑心事定，一灯慧命续如丝。

完稿之时，作偈如下：

三复斯意，己亥杂诗。暮拾朝花，总结陈词。
五十之年，所欠者死。九州生气，是无男儿。
山民海客，去留失格。今世来世，留赠读者。
千载心事，坐经望史。接续诸子，同光五四。
雾霾灯青，民胞物与。勉缀芜词，以赞汉语。

余世存
2019 年 7 月于北京

[附录]

《己亥杂诗》提及的亲友

* 龚自珍的朋友圈几乎是鸦片战争前中国的顶级精英圈。

  人名后数字为《己亥杂诗》序号。

曾祖父龚斌	163	亲人
祖父龚敬身	10、11	
外祖父段玉裁	58、304	
父亲龚丽正	10、11、149、150、156、308	
母亲段驯	158	
眷属	4、214、228、299、307、314	
儿子龚橙	214、233、300—305	
女儿阿辛	18、214、312、313、314	
叔父龚绳正	144	
舅父段骧	142	
从兄龚自新	163	
从弟龚自玉	244	
表弟吴崇俊	158	
从妹粤生	179	
妹婿吴瘭生	179	
侄子龚家吉	236、239	
亲友	153	
保姆金媪	143	

		朋友
托浑布	21、37	
吴葆晋	26、30、154、155、157、169、217、222	
朱腾	27	
黄玉阶	28、155	
汤鹏	29	
陈庆镛	31	
何绍基	32、79	
何绍业	32	
潘谘	33	
裕恩	34	
周之彦	35	
王继兰	36	
刘良驹	38	
桂文燿	38	
丁彦俦	38	
戴绹孙	38	
奎绶	38	
黄骧云	38	
江鸿升	38	
步际桐	38	
唯一	39	
许瀚	40	
吴式芬	41	
徐松	42、222	

宗人府共事诸宗室	43
程同文	55
刘逢禄	59
姚学塽	60
朱以升	70
富俊	77
吴荣光	79
林则徐	87
何俊	92
卢元良	93
江淮狂生	102
阮元	109、167、213
秦恩复	110
邵廷烈	111
兰君	112
魏源	112
陈杰	112
秦瓛	112
谢增	112
刘宝楠	112
刘文淇	112
杨亮	112
舒位	114
彭兆荪	114
朱珪	115

马沅	122
冯启崟	122
段果行	124
沈锡东	124
李兆洛	132
蒋彤	132
陈延恩	133
盛思本	133
狄听	134
苏孟旸	134
夏恒	134
顾广圻	136、137
叶昶	138
宋翔凤	139
裕谦	140
江沅	141
逸云	147
王寿昌	148
蒋湘南	157
曹籀	159、160
徐楙	159、167、213
王熊吉	159
陈春晓	159
西湖僧	161
汪远孙	162

汪适孙	162
姚祖同	164
陈嵩庆	164
张青选	164
张鉴	164
胡敬	164
慈风	165
钱伊庵	166
朱大发	173
洪士华	173
徐荣	175
严烺	176
赵魏	177
何元锡	177
黎应南	180
陈奂	181
徐坰	203
董诰	208
顾太清	209
徐渭仁	216
陆献	220
包世臣	229
汪喜荀	279
徐启山	279
王大淮	284、285、289、292

王大堉	284、291、292
王鸿	284、290、292
孔宪彝	284、288
孔宪庚	284、286、287、288、292、293
郑宪铨	284、292
方廷瑚	309、311
陈希敬	310、311
灵箫	95—98、200、201、245—278
小云	99—101、240—243
杭州云英	182—197

女友

〔附录〕
《己亥杂诗》提及的花木

* 花木后数字为《己亥杂诗》序号。

松树	198、202、224、283
竹	198、199
山茶	202
鸾枝	204
牡丹	205
芍药	205
海棠	204、206、208
丁香	207、209
梅花	212
枣树	221
荷花	223
桂花	223
柳树	236
蜡梅	293、307
山矾	307

[附录]

《己亥杂诗》涉及的著作

* 著作后数字为《己亥杂诗》序号。

《诗经》	2、21、37、38、63、150、164、181、232、303、308	典籍及著作
《尚书》	56、109、181、216、303	
《礼记》	59、143、303	
《易经》	22、241、272、302、303	
《春秋》	70、110、116、174、201、303	
左丘明《左传》	40、57	
公羊高《公羊传》	59、305	
《尔雅》	59	
《战国策》	49	
《考工记》	20	
《阴符经》	87、265	
屈原《离骚》	17、47、130	
宋玉《招魂》	3	
贾谊《惜誓》	2	
刘安《淮南子》	79	
司马迁《史记》	2、37、305	
扬雄《冀州牧箴》	14	

桓宽《盐铁论》	123
许慎《说文解字》	62
班固《汉书》	6、61、69、70、118、191、216、231、239、262
班固《西都赋》	70
赵晔《吴越春秋》	37
何休《春秋公羊解诂》	305
应劭《汉官仪》	64
崔瑗《飞龙篇》	167
贾鲂《滂熹篇》	167
龙树《大智度论》	82
左思《三都赋》	119
陶渊明《归去来兮辞》	4
刘义庆《世说新语》	90、133
裴骃《史记集解》	61
李延寿《南史》	118
道世《法苑珠林》	295
道原《景德传灯录》	166
刘敞《公是集》	69
魏泰《东轩笔录》	295
王安石《上仁宗皇帝言事书》	10
郑樵《通志》	76
普济《五灯会元》	90
马端临《文献通考》	76
胡渭《禹贡锥指》	128

曾凤仪《楞严宗通》	147
《四库全书总目提要》《四库提要》	67
段玉裁《说文解字注》	58、304
段骧《梅冶轩集》	142
顾广圻《思适斋笔记》	137
钱伊庵《宗埕》	166
邵廷烈《太仓先哲丛书》	111
《大藏经》	145
《妙法莲华经》	78、81、315
《华严经》	161
《佛说摩利支天经》	213
《拔一切业障根本得生净土陀罗尼》	22
《普贤菩萨劝发品》	22
《观世音菩萨普门品》	22
《圆觉普眼品》	22
《本生心地观经》	143

龚自珍著作

《壬癸之际胎观》	14
《支那古德遗书》	39
《为龙泉寺募造藏经楼启》	39
《对策》	44
《御试安边绥远疏》	45
《西域置行省议》	76
《上国史馆总裁提调总纂书》	49

《尚书序大义》	56
《大誓答问》	56
《尚书马氏家法》	56
《左氏春秋服杜补义》	57
《春秋决事比》	59
《孤虚表》	61
《古今用兵孤虚图说》	61
《汉官损益》	64
《百王易从论》	64
《典客道古录》	66
《奉常道古录》	66
《西汉君臣称春秋之义考》	70
《羽琌山金石墨本记》	71、177
《羽琌山典宝记》	72、216
《镜苑》	73
《瓦韵》	73
《汉官拾遗》	73
《泉文记》	73
《布衣传》	74
《东南罢番舶议》	76
《平生师友小记》	80
《龙藏考证》	81
《三普销文记》	82
《龙树三桠记》	82
《今方言》	91

《尊隐》	241
《寱词》	245
《五经大义终始论》	281
《群经写官答问》	281
《六经正名论》	281
《古史钩沉论》	281

余世存

知名学者,作家,诗人。

湖北随州人,现居北京。毕业于北京大学中文系。曾任《战略与管理》执行主编。被称为"当代中国最富有思想冲击力、最具有历史使命感和知识分子气质的思想者之一"。近年来致力于研究中国人的时间文化,"时间之书"系列已成为百万级传统文化通识IP。

已出版《时间之书》《节日之书》《中国人的家风》《做自己的灯塔》《非常道》《老子传》《自省之书》《大时间:重新发现易经》《打开金刚经的世界》等二十余部专著。

其中:

《非常道》获国家图书馆第二届文津图书奖推荐图书;

《时间之书》获国家图书馆第十三届文津图书奖推荐图书;

《节日之书》获国家图书馆第十五届文津图书奖推荐图书。

"余世存"视频号　　"余世存"抖音号　　"余世存"微信公众号

己亥 1839：龚自珍的一次远行

作者_余世存

特约编辑_邵蕊蕊 王奇奇　　特约策划_余江江　　产品统筹_李静
装帧设计_达克兰 朱镜霖　　技术编辑_陈杰　　责任印制_刘燊
策划人_路金波

营销团队_阮班欢 杨喆 刘子祎　　物料设计_孙莹

鸣谢（排名不分先后）

余玲　曹曼　扈梦秋

果麦
www.goldmye.com

以 微 小 的 力 量 推 动 文 明

图书在版编目（CIP）数据

己亥1839：龚自珍的一次远行 / 余世存著.
海口：海南出版社, 2025.7. —— ISBN 978-7-5730
-1868-7

I. B251.5

中国国家版本馆CIP数据核字第20243LJ092号

己亥1839——龚自珍的一次远行
JIHAI 1839 —— GONG ZIZHEN DE YI CI YUANXING

作　　者：余世存
责任编辑：吴宗森
特约编辑：邵蕊蕊　王奇奇
装帧设计：达克兰　朱镜霖
特约策划：余江江
责任印制：郄亚楠
印刷装订：北京盛通印刷股份有限公司
读者服务：张西贝佳
出版发行：海南出版社
总社地址：海口市金盘开发区建设三横路2号
邮　　编：570216
北京地址：北京市朝阳区黄厂路3号院7号楼101室
电　　话：0898-66812392　　010-87336670
电子邮箱：hnbook@263.net
版　　次：2025年7月第1版
印　　次：2025年7月第1次印刷
开　　本：880 mm×1 230 mm　1/32
印　　张：10.5
字　　数：220千字
书　　号：ISBN 978-7-5730-1868-7
定　　价：78.00元

【版权所有，请勿翻印、转载，违者必究】
如有缺页、破损、倒装等印装质量问题，请寄回本社更换。